LE
CATHOLICISME EN CHINE

AU VIIIe SIÈCLE DE NOTRE ÈRE

LE

CATHOLICISME

EN CHINE

AU VIIIe SIÈCLE DE NOTRE ÈRE

AVEC

UNE NOUVELLE TRADUCTION DE L'INSCRIPTION

DE SY-NGAN-FOU

Accompagnée d'une grande Planche

PAR

P. DABRY DE THIERSANT

Consul de France

AU PROFIT DE L'ŒUVRE DE LA PROPAGATION DE LA FOI EN CHINE

PARIS

ERNEST LEROUX, ÉDITEUR

LIBRAIRIE DES SOCIÉTÉS ASIATIQUES DE PARIS, DE CALCUTTA,
DE NEW HAVEN (ÉTATS-UNIS)
DE SHANGHAÏ (CHINE), DE L'ÉCOLE DES LANGUES ORIENTALES, ETC.
28, rue Bonaparte, 28

—

1877

Quiconque a étudié un peu l'extrême Orient ou s'est occupé d'épigraphie, connaît l'inscription sinico-chaldaïque de Sy-Ngan-Fou, cette magnifique page de l'histoire du christianisme en Chine, qui, après avoir été interprétée diversement par les sinologues, a été attribuée par les uns aux catholiques et par les autres aux nestoriens. En présence de l'importance du monument et des opinions divergentes qui ont été émises à son sujet, nous avons pensé qu'une nouvelle traduction de l'inscription et la publication de quelques documents inédits se rapportant à son origine, seraient de nature à intéresser tout à la fois les savants qui recherchent la vérité dans ce qu'elle a de plus noble et de plus élevé, et tous ceux qui croient encore à l'influence du christianisme sur le progrès de la civilisation : c'est ce qui nous a déterminé à faire paraître ce travail que nous dédions à l'Œuvre de la propagation de la foi en Chine, à laquelle nous souhaitons, dans l'intérêt de la Chine et de son peuple, une prompte et entière réussite.

P. DE THIERSANT.

Paris, le 20 mars 1877.

CATHOLICISME EN CHINE

AU VIIIe SIÈCLE DE NOTRE ÈRE

L'histoire des premiers temps du christianisme en Chine est restée jusqu'à nos jours dans une obscurité impénétrable. On ignore la date de l'époque à laquelle la *Bonne nouvelle* est parvenue dans l'extrême Orient, et le nom de celui qui a eu l'honneur de l'apporter aux infidèles est encore un mystère. On a cru, pendant un certain temps, que saint Thomas, qui est allé prêcher l'Évangile chez les Parthes et dans l'Inde, avait étendu sa mission jusqu'en Tartarie et dans le Cathay ; mais cette opinion s'appuie sur des témoignages trop contestables pour être adoptée à priori. Il est regrettable que les historiens, ainsi que les annalistes du Céleste-Empire qui ont fait le récit des événements de cette époque, aient, soit par ignorance, soit par passion, traité si légèrement la question religieuse qui, cependant, a joué un rôle important dans cette partie de l'Asie. — Il est vrai qu'aujourd'hui même encore, la classe la plus instruite de la nation, les lettrés, se préoccupent fort peu de connaître les rapports qui existent entre l'homme et la divinité, et que la religion, telle que nous la comprenons, est restée un mot inintelligible pour leur esprit sceptique et matérialiste.

On raconte bien que, sous les Tong-Han, au premier siècle de notre ère, il y avait, dans plusieurs provinces de l'Empire, des temples dédiés au Seigneur du Ciel; on dit également que, dans le Hounan, le Honan, le Fokien, etc., on a trouvé des croix en pierre et en fer, portant la date du ıı^e ou du ııı^e siècle; mais, en supposant que ces relations soient exactes, ce qui prouverait que la doctrine du Christ a été enseignée à la Chine aussitôt qu'aux autres nations, sait-on qui a construit ces temples, qui a élevé ces croix?

Hélas! personne n'a pu le préciser jusqu'à présent, et il en sera ainsi, tant que quelque manuscrit égaré dans un monastère de l'Europe ou de l'Asie, ou quelque inscription à moitié rongée par le temps n'aura pas fait disparaître les ténèbres qui enveloppent ces faits mystérieux.

Ce n'est qu'à partir du septième siècle que la lumière a commencé à se faire jour, grâce à l'inscription sinico-chaldaïque découverte à Sy-Ngan-Fou (Chensi), et qui, pendant quelque temps, a attiré l'attention du monde savant et religieux. Laissée ensuite de côté par l'ignorance, l'indifférence ou le scepticisme des uns ou des autres, cette inscription a fini, après que son authenticité avait été niée par Voltaire et par les philosophes de son école, par obtenir un certificat d'existence, en raison de son caractère prétendu semi-païen et semi-chrétien. Un de nos sinologues distingués, que la mort a ravi trop tôt à la science, M. Pauthier a dit, il y a quelques années, en parlant de ce monument: « On ne peut guère s'empêcher d'y reconnaître un mélange confus de « toutes les doctrines étrangères au confucianisme qui se produisirent « ouvertement en Chine sous le règne d'indifférence et de tolérance

« religieuse de l'empereur Taï-Tsong. On y remarque surtout un
« caractère bien prononcé des doctrines professées par les sectateurs
« de Lao-Tsee auxquelles certains passages font allusion, et il serai
« difficile, sans la meilleure volonté du monde, d'y découvrir les doc-
« trines du christianisme qui n'y est même pas nommé. D'ailleurs,
« nous avouerons sincèrement que nous ne voyons pas l'importance
« que l'on a voulu attacher à ce monument, lequel, en admettant son
« authenticité, que nous n'avons aucun intérêt à contester, ne prouve-
« rait rien autre chose, selon nous, si ce n'est que des notions d'un
« christianisme bien vague auraient été portées en Chine, sous le
« règne de Taï-Tsong, comme une foule d'autres notions religieuses
« avec lesquelles elles auraient été confondues. »

Combien nous regrettons d'être d'un avis diamétralement opposé à
celui de ce savant sinologue qui a passé une partie de sa vie à étudier
et à faire connaître l'extrême Orient! Pour nous, qui, comme lui, avons
durant de longs jours cherché le vrai sens de cette inscription et qui
avons, en outre, l'avantage d'avoir vécu seize ans dans ces contrées loin-
taines, notre conviction est qu'au point de vue historique, religieux et
littéraire, il n'est pas de monument ancien plus remarquable ni plus
intéressant par les souvenirs qu'il rappelle en faveur de la religion du
Christ.

C'est en 1625, dans le bourg de Tcheou-Tche, dépendant de la ville
de Sy-Ngan-Fou (Chensi), que la pierre sur laquelle est gravée cette
inscription fut trouvée par des ouvriers, en creusant une tombe. Comme
cette pierre avait neuf pieds et demi de longueur sur cinq de largeur et
un d'épaisseur, qu'elle se terminait en pyramide, et qu'à la surface,
on distinguait des caractères étrangers, le directeur des travaux la
fit mettre de côté, et avertit le préfet, qui ordonna qu'elle fût déposée
dans un monastère de Tao-Sze, où elle ne tarda pas à devenir l'objet

de la curiosité générale (1). En 1628, quelques Pères de la Compagnie de Jésus, entre autres, le Père P. Semedo, ayant été invités par un mandarin chrétien à venir le visiter à Sy-Ngan-Fou, se rendirent au monastère Taoïste, et prirent une copie de l'inscription qu'ils envoyèrent au collége des jésuites à Rome, où elle fut examinée avec le plus grand soin.

Depuis cette époque, de nombreuses traductions en ont été faites par les Pères Kircher, Boym, Semedo, Visdelou, d'Alquié, par M. l'abbé Huc, par M. Pauthier, par M. E. Bridgman, éditeur du *China-Directory*, et par M. A. Wylie. Toutes ces interprétations diffèrent entre elles, et, à notre avis, aucune d'elles ne donne le sens exact des caractères chinois. Il faut dire aussi que, d'après l'opinion générale des lettrés, il existe fort peu de compositions dont le style soit plus élégant, plus orné, plus élevé, plus concis et plus profond. Chaque phrase, chaque caractère a été étudié avec une attention extraordinaire;

(1) Cette inscription existe aujourd'hui dans l'enceinte du monastère Kin-Ching (monastère de la victoire d'or), situé à l'ouest de la ville de Sy-Ngan-Fou. Dans les années Tsong-Tchin des Ming (de 1628 à 1643), le docteur Tseou-tsin-Tchang, préfet de Sy-Ngan-Fou, natif de Tsin-Ting, avait un jeune enfant, nommé Hoa-Seng, qui, dès sa naissance, fit preuve d'une intelligence et d'une pénétration rares. A peine put-il marcher, qu'il savait déjà joindre les mains pour adorer Fo. Arrivé à sa douzième année, sans apparence de maladie, sans qu'on pût savoir où était le siége du mal, l'enfant dépérit : ses yeux se voilèrent insensiblement ; il les rouvrit un instant en souriant et mourut. Tchang (le préfet), croyant son fils décédé, consulta des docteurs de Fong-Choui, qui désignèrent pour sa sépulture un lieu situé au sud du monastère Tsong-Siu, à Tchang-Ngan. En fouillant la terre à quelques pieds de profondeur, on atteignit une pierre qui n'était autre que l'inscription ayant pour titre : « King kiao lieou king pie. » Cette inscription, restée enfouie sous terre pendant un millier d'années, en est sortie entièrement intacte, il y a trois générations, etc.... (Extrait du *Lai-tchai-kin che-kè kao-lio*, traduit par M. Pauthier.)

tantôt c'est une citation d'un livre sacré ou d'un grand philosophe, ou bien une allusion empruntée à l'antiquité et à l'Écriture sainte. Certainement, on peut considérer ce travail comme un véritable chef-d'œuvre d'intelligence et d'érudition. Quelques personnes l'ont attribué à des nestoriens. Nous pensons qu'on a commis là une erreur et voilà sur quoi nous nous basons :

Le Père Athanase Kircher, dans sa *China illustrata*, dit, page 2 : « Afin de sauver ce monument du naufrage, je vais, avec la grâce de « Dieu, faire tous mes efforts pour faire disparaître les doutes qu'on a « pu concevoir à ce sujet. Je vais tâcher, en même temps, d'obliger les « hétérodoxes eux-mêmes qui liront la traduction de cette inscription « syro-chinoise, à avouer qu'elle ne contient rien qui, durant le cours « de dix siècles, n'ait été enseigné par les propagateurs du Verbe divin ; « de plus, qu'elle est conforme, par les expressions et par le fond, à la « doctrine orthodoxe de ces temps éloignés ; enfin que la doctrine « répandue en Chine à cette époque par des prédicateurs évangéliques « est la même que celle que l'Église universelle, apostolique et romaine « nous propose de croire aujourd'hui. »

Cette déclaration, si nette et si précise, a d'autant plus de poids à nos yeux que, d'après l'attestation du Révérend Père Oliva (Jean-Paul), général des jésuites en 1664, la *China illustrata*, avant d'être publiée a été revue par trois théologiens de la Société de Jésus.

En 1859, un missionnaire français, M. l'abbé Huc, dont tout le monde a lu les travaux remarquables sur la Chine et le Thibet, a cru devoir, dans son *Christianisme en Chine* s'inscrire dans les termes suivants contre l'opinion des savants Pères jésuites : « L'abrégé de la « doctrine chrétienne que donne l'inscription syro-chinoise de Sy- « Ngan-Fou nous montre que les propagateurs de la foi dans la Haute- « Asie au viiᵉ siècle, professaient les erreurs des nestoriens. Au

« milieu du vague et obscur verbiage qui caractérise le style chinois,
« nous reconnaissons le mode par lequel cet hérésiarque admettait
« l'union du Verbe avec l'homme, union qu'il considérait comme la
« simple inhabitation du Verbe dans l'homme comme dans un temple.
« (Une des trois personnes de la Trinité s'est communiquée au très-
« illustre et très-honorable Messiah, en *voilant sa majesté*.) Ceci est
« certainement la doctrine de Nestorius, et, sur ce point, l'autorité des
« critiques est unanime. »

En présence d'une dissidence d'opinion aussi marquée, notre rôle
est on ne peut plus délicat et difficile. Néanmoins, nous n'hésitons pas
à dire, sous toutes réserves bien entendu, que nous nous rangeons à
l'avis des Révérends Pères jésuites, et que nous croyons que M. l'abbé
Huc, ainsi que MM. Pauthier et Wylie, quoique excellents sinologues,
n'ont pas parfaitement compris le vrai sens du passage incriminé.

Tout d'abord, M. l'abbé Huc était d'accord avec les Pères Kircher et
Boym, sur l'origine du monument de Sy-Ngan-Fou. »

« Nul doute, dit-il, dans son *Empire chinois*, que la religion chré-
« tienne ne fût florissante en Chine au VIIIe siècle, puisqu'elle con-
« tenait dans son sein des hommes comme Kouo-Tsee-Y (1). Il est pro-
« bable, toutefois, que les fidèles durent avoir de fréquentes luttes à
« soutenir contre les bonzes et aussi contre les nestoriens qui, à cette
« époque, se répandaient en grand nombre dans les contrées de la
« Haute-Asie. »

Lorsque M. l'abbé Huc, exprimait cette opinion, il avait déjà traduit
en français l'inscription de Sy-Ngan-Fou, et en avait reproduit quelques
fragments. Comment n'avait-il donc pas remarqué alors la fameuse

(1) L'inscription ne dit pas que Kouo-Tsee-Y était chrétien. C'est une
autre erreur de M. l'abbé Huc.

phrase qu'il a trouvée plus tard entachée de nestorianisme? Il est probable que le savant missionnaire en composant son *Christianisme en Chine* s'est laissé égarer par les recherches historiques, et qu'il n'a pas su dégager la vérité au milieu des contradictions de toutes sortes qui l'obscurcissent.

Pour nous, voilà le sens exact de la fameuse phrase en question : « Alors mon Un en trois (Dieu en trois personnes) a bien voulu donner « sa propre substance (c'est-à-dire) le très-illustre et très-honorable « Messiah (ou le Christ Messiah), qui, mettant de côté et voilant sa vraie « majesté (ou puissance), s'est fait homme et a paru dans le monde. »

Dans toutes ces expressions qu'y a-t-il donc qui ne soit orthodoxe? Jésus-Christ, dans l'Écriture sainte, n'est-il pas appelé le Verbe du Père, son fils, sa sagesse, l'image de sa substance, et le concile de Nicée n'a-t-il pas décidé que le Fils de Dieu consubstantiel au Père s'était fait homme? En outre, Jésus-Christ n'a-t-il pas dit lui-même : « Dieu a aimé le monde jusqu'à lui donner son Fils unique pour le « sauver. »

Mais ce qui prouve encore davantage que telle a été la pensée de l'auteur, c'est le commencement de son magnifique résumé. « Le vrai « Seigneur, dit-il, n'a pas de commencement; existant par lui-même, « immuable, il a créé par sa toute-puissance le ciel et la terre; puis il « a donné sa propre substance (son Fils), qui est venu dans le monde « pour le sauver, alors la lumière a fait place aux ténèbres. »

Examinons maintenant les trois mots que M. l'abbé Huc a soulignés et qui doivent être les grands coupables : « Voilant sa majesté. » D'abord cette traduction ne rend pas, à notre avis, le vrai sens du texte chinois (Tsy-yn-Tchin-oey). Tsy, veut dire littéralement : — mettre de côté — laisser de côté. — Yn, caché, — secret. Tchin-oey, — vraie majesté. — Nous croyons plutôt que l'auteur a voulu faire allusion à

ces paroles de saint Paul : « Jésus-Christ s'est anéanti lui-même en
« prenant la forme et la nature de serviteur, en se rendant semblable
« aux hommes,et étant reconnu pour homme par tout ce qui a paru de
« lui au dehors. »

« Notre médiateur, » écrivait saint Léon à Flavien de Constantinople (Epître 10), « a véritablement dans sa personne tout ce qui est
« naturellement en nous, tout ce qu'il a mis en nous créant et qu'il
« voulait réparer en nous rachetant. Mais il n'a point ce que le ten-
« tateur y a surajouté. Il a pris la forme de l'esclave ou du pécheur et
« non la souillure du péché ; il a relevé la bassesse de l'humanité sans
« dégrader la divinité. L'anéantissement par lequel le maître et le
« créateur des mortels a voulu devenir un homme sujet à la mort est
« non pas un défaut de puissance mais un effort tout-puissant de sa
« miséricorde ; de sorte qu'en prenant toutes les propriétés de notre
« nature, il n'a perdu aucune des siennes. »

« Rien n'imprime, » a dit également à ce sujet un de nos plus grands
orateurs sacrés, « une si haute idée de la grandeur de Dieu que les
« mystères impénétrables à notre entendement. Je n'aurais plus tant
« de respect pour ma religion, si elle tombait tout entière sous mes
« sens ; si elle prétendait soumettre toutes les perceptions à la mesure
« bornée de mon intelligence présente. Mais, lorsque Dieu me révèle
« de lui-même une manière d'être élevée au-dessus de toutes mes
« conceptions, une nature sans égale et trois personnes d'une égalité
« parfaite, lorsqu'on m'étonne par des prodiges de bonté et de sagesse
« sans modèles, un Dieu qui se fait homme pour réconcilier, pour
« allier les hommes avec Dieu ; un Dieu qui s'anéantit et qui ouvre
« un nouveau chemin à la gloire par les opprobres et l'anéantissement ;
« alors, je m'écrie que des merveilles, qui ne trouvaient dans l'homme

« ni couleur pour les peindre, ni paroles pour les exprimer, ne sauraient
« être des inventions humaines. »

Nous croyons donc que M. l'abbé Huc, qui a écrit avec tant d'esprit
tant de vérités sur la Chine et le Thibet, a commis une erreur, bien
excusable du reste, en attribuant à des nestoriens l'inscription de
Sy-Ngan-Fou. Pour qu'on s'en rende mieux compte, nous demanderons
la permission de faire une analyse succincte de ce travail si remarquable
que le catholicisme peut revendiquer avec juste raison comme l'expression de sa doctrine.

L'exorde est magnifique et commence par une description très-claire
des attributs du Dieu en trois personnes, Olooy ou plutôt (Eloha-
Elohim, le Très-Haut). » Cause absolue du mouvement régulier et sou-
« verain moteur, c'est lui qui a créé l'univers en établissant les quatre
« parties du monde sous la forme d'une croix. » N'est-ce pas, dès le
début, indiquer la religion qui a pris pour emblème l'instrument de
supplice sur lequel notre Rédempteur a consenti à mourir pour notre
salut? L'histoire de la création d'après la Genèse est tracée en quelques
mots de main de maître. « Quand tout a été créé, Dieu a formé le
« premier homme, et, lui accordant en présents la bonté ainsi que la
« justice, il l'a fait maître de tout l'univers. » Arrive ensuite la chute
d'Adam racontée avec autant de délicatesse que d'esprit : « Notre pre-
« mier père ayant succombé aux ruses de Satan, l'erreur a commencé
« à envahir la terre, donnant naissance à des sectes innombrables (à
« chacune desquelles est lancée une pointe acérée). L'esprit humain
« se trouvant alors obscurci par les ténèbres de l'ignorance et par le
« doute, Dieu a eu pitié du genre humain et a bien voulu donner sa
« propre substance, son Fils, le Christ Messie, qui, s'anéantissant, s'est
« fait homme et a paru dans le monde. Un ange a annoncé à une
« femme vierge qu'elle enfanterait un saint dans le royaume de Ta-

« Tsing. Des rois de Perse, guidés par la clarté d'une étoile étince-
« lante sont venus offrir leurs hommages au nouveau-né. Ainsi se sont
« trouvées accomplies les prédictions de vingt-quatre prophètes; et la
« religion du Dieu en trois personnes, esprit pur qu'on ne peut définir,
« a pu dès lors régénérer et gouverner les familles ainsi que les
« royaumes.

« Après avoir institué comme bases de cette religion ce qu'on doit
« croire et pratiquer, le Fils de Dieu a effacé le péché, ouvert le
« paradis, découvert la vie, détruit la mort et remplacé les ténèbres
« par la lumière; puis, il a délivré les âmes des justes, et, son œuvre
« achevée, il est remonté au ciel, laissant ici-bas vingt-quatre livres
« sacrés destinés à développer les anciens enseignements et à les rendre
« plus efficaces pour le salut de chacun. Il a établi le baptême qui, par
« l'eau et la vertu de l'Esprit-Saint, tout en purifiant le corps, efface
« les taches originelles et autres du spirituel qui redevient pur et
« blanc.

« Le sceau de cette religion est une croix aux quatre pointes bril-
« lantes, dont l'empreinte unit sans pouvoir être effacée. En priant,
« on tourne le visage vers l'orient, afin de témoigner sa foi en la résur-
« rection future. Les prêtres se rasent le sommet de la tête pour montrer
« qu'ils ne sont pas dominés par de mauvaises passions; ils n'ont pas
« d'esclaves, parce que pour eux tous les hommes sont égaux, quelle
« que soit leur condition; ils n'amassent pas de richesses et partagent
« ce qu'ils ont en trop avec ceux qui n'ont rien. Ils jeûnent pour
« amortir leurs désirs, veillent constamment sur eux-mêmes, et se
« rendent plus forts par des méditations silencieuses. Sept fois par
« jour, ils prient pour l'avantage des vivants et des morts. Le premier
« de tous les sept jours, ils font un sacrifice sans victime, purifient
« leur cœur par la pénitence et redeviennent blancs comme neige. Il

« est difficile de donner un nom à la doctrine du vrai, éternel, mysté-
« rieux; mais, comme son effet méritoire est d'éclairer et d'illuminer,
« nous l'avons appelée King-Kiao, religion lumineuse. »

Si ce n'est pas le christianisme, nous dirons même plus le catholicisme, qu'est-donc? En tout cas, ce n'est pas le nestorianisme, qui sou-
tient qu'il y avait deux personnes en Jésus-Christ, aussi bien que deux
natures, qui admet qu'on dégrade la divinité en supposant le Verbe
divin uni personnellement et substantiellement à l'humanité, qui ose
dire qu'il y a de l'indécence à prétendre qu'un Dieu né d'une vierge
a pu souffrir et mourir pour le salut du genre humain, qui ne veut pas
que la sainte Vierge soit appelée mère de Dieu, qui croit que les âmes
sont créées avant les corps, qui, avec Théodore de Mopsueste, nie le
péché originel, qui regarde comme inutile de prier pour les âmes du
purgatoire; enfin qui ne veut pas reconnaître d'autre image que la croix
et ne considère pas comme obligatoire l'assistance au saint sacrifice de
la messe, le jour du dimanche.

Après l'exposé précédent, l'auteur passe à l'histoire de cette
religion lumineuse, et nous fait connaître que les livres sacrés, dans
lesquels sont renfermés sa doctrine et ses enseignements, ont été
apportés en Chine sous le règne de Tai-Tsong, en 635, par un homme
d'une vertu éclatante, nommé Olopen, originaire du royaume de
Ta-Tsing (Syrie). A son arrivée à la capitale, ce digne successeur des
Apôtres a été accueilli avec les marques d'une faveur toute particulière
par le souverain du royaume du milieu, qui, trois ans après, faisait
paraître un des plus remarquables édits qui aient été faits en faveur
du christianisme. « En parcourant ces livres, dit l'empereur, en
« examinant attentivement cette nouvelle doctrine, on reconnaît
« qu'elle est profonde, merveilleuse, parfaite; que son principe,
« primogène, pur, vrai, d'une essence mystérieuse, a tout produit,

« tout achevé, et que tout ce qu'il a établi était utile et nécessaire.
« On constate, en outre, que le langage de cette doctrine est simple,
« précis, d'une utilité incontestable pour tous les êtres et, par-dessus
« tout, profitable à l'homme. Sous la dynastie des Tcheou, la vertu
« s'étant éteinte, Lao-Tsée s'est enfui en Occident ; sous notre grande
« dynastie des Tang, le vent bienfaisant de la religion lumineuse,
« soufflant de l'Occident, est venu jusqu'à nous. »

L'auteur continue ensuite l'historique de la religion lumineuse, de
ses luttes, de ses progrès, enfin de ses triomphes, jusqu'au règne de
l'empereur Te-Tsong. Ce résumé, écrit dans le style oriental, est fort
curieux. Un passage rappelle ces paroles de Tertullien aux magistrats
romains : « Nous ne sommes que d'hier et nous remplissons tout, vos
« villes, vos îles, vos châteaux, vos bourgades, vos conseils, vos
« champs, vos tribus, vos décuries, le palais, le sénat, la place publique...
« Nous ne vous laissons que vos temples. » Que peut-on trouver après
cela de plus élevé et de plus vrai que cet éloge de la religion chrétienne : « Notre empereur, Te-Tsong, a créé neuf règles, en vue de
« développer et d'assurer le mandat de la religion lumineuse. On a
« pu voir alors combien cette religion est droite, grande, sublime.
« Prier ouvertement sans rougir ; au sommet des grandeurs, rester
« simple et humble ; s'appliquer au calme, à la patience, c'est-à-dire à
« se connaître soi-même ; traiter les autres comme on voudrait qu'ils·
« nous traitassent ; pratiquer toujours la vertu et pardonner aux
« autres ; être bienveillant, bon, charitable pour tout le monde ;
« aimer son semblable autant que soi-même ; l'aider en toutes
« circonstances ; secourir les affligés ; être indulgent pour les fautes
« d'autrui, telle est la voie que notre religion ordonne de suivre
« et qui est comme l'échelle de notre sainte loi.

« Si le vent et la pluie ont leur temps marqué ; si la paix règne sur

« la terre; si les hommes sont bien gouvernés ; si l'ordre existe
« partout; si les vivants peuvent jouir des biens d'ici-bas, et si les
« morts se réjouissent; si nos paroles s'élevant vers Dieu corres-
« pondent avec l'Être suprême; si nos sentiments deviennent purs, et
« si nos actions sont droites, nous le devons à l'effet méritoire de la
« force et de la puissance de la religion lumineuse. »

Un tel langage n'a pas besoin de commentaire; il importe seulement
de savoir de quelle source il émane.

D'après les historiens de la dynastie des Tang, en l'an 781 de notre
ère, il y avait, dans la ville de Sy-Ngan-Fou, un grand nombre de
temples étrangers, parmi lesquels on remarquait (1) : 1° ceux de la religion Yao-Chên-Kiao ou Po-Sze-Kiao (religion du dieu Yao ou religion
de la Perse) ; 2° ceux de la religion Mony-Kiao (religion de Manès) ;
3° ceux de la religion Hoey-hoey-Kiao (religion musulmane);

(1) Le mazdéisme, fondé, comme on le sait, par Zoroastre ou Zarathoustra,
a été la religion nationale de la Perse jusqu'à l'époque de la conquête
d'Alexandre. Sous les successeurs de ce prince, il commença à décliner; il
reprit son ancienne splendeur sous le règne d'Ardechir-Babekan, fondateur
de la dynastie des Sassanides, et fut la religion dominante du royaume jusqu'à
son envahissement par les mahométans, sous le règne de Yezdegerd III.
Lorsque ce malheureux souverain, après les défaites successives de Cadesia
et de Nahavend, en 641, fut obligé de s'enfuir à Ferghana, les sectateurs de
Zarathoustra durent embrasser l'islamisme. Quelques-uns préférèrent
chercher un abri dans les régions les plus montagneuses de la Perse;
d'autres émigrèrent dans l'Inde et en Chine. C'est sous le règne de
Tai-Tsong, en la huitième année de cet Empereur, qu'ils apparurent pour la
première fois dans la capitale de l'empire et obtinrent l'autorisation de
bâtir, à Sy-Ngan-Fou, dans le quartier Song-ho-fang, leur premier temple,
sous le nom de temple de la religion yao-chen-kiao ou po-sze-kiao.
Au ix° siècle, leur nombre s'était considérablement augmenté, si l'on doit
ajouter foi au récit des deux voyageurs arabes Wahab et Abuzaïd.

4° ceux de la religion Ta-Tsing-Kiao ou King-Kiao (religion de Ta-Tsing ou religion lumineuse).

La première de ces religions était le mazdéisme, et non point le Yézidisme, comme l'a cru M. Pauthier, qui a traduit les mots de yao chên par esprit du mal, tandis que, suivant nous, yao n'est que l'imitation de la première partie des mots Ahura (ahora) Mazda-Ormuzd, le Dieu très-sage.

La religion de Moni, dont nous avons parlé plus haut, était la religion de Manès ou Mani-Zendik, c'est-à-dire le saducéen ou l'impie Cette religion s'est introduite en Chine sous les Tang, à la suite d'ambassades *Hoey-he* (1). D'après le Tsien-che king-kiao-kao, en la sixième année Taly du règne de l'empereur Tai-Tsong (771), des Hoey—he sollicitèrent la faveur de bâtir des temples de la religion de Mony (2)

---

(1) Les Hoey-he, appelés d'abord Kao-tche, *Tchi le*, *Tie le*, *Hiong nou*, étaient, dans le principe, des tribus nomades, habitant avec leurs troupeaux les pays situés au nord des Tien-chan (monts célestes), entre les rives de l'Orkhon et celles de l'Ortysch. Ce peuple, qui prit plus tard le nom de Hoey-hou, a joué un rôle important dans l'histoire chinoise.

(2) Mony ou Manès, d'après Khondemir, vivait sous le règne de Hormuz, père de Baharam, troisième roi des Sassanides (271 ou 272); et, suivant d'autres historiens, sous le règne de Sapor. Ayant entendu dire aux chrétiens que Jésus-Christ avait promis d'envoyer après lui un paraclet, il voulut persuader aux peuples de la Perse qu'il était ce paraclet, choisi par Dieu pour leur enseigner une nouvelle religion. Le roi, qui était attaché au culte zoroastien, voulut alors le punir ; il s'enfuit dans le Turkestan, où il se renferma dans une grotte, y passa une année, et fit croire à ses disciples qu'il avait été au ciel. Après un an, il sortit, montrant le livre merveilleux nommé Ertenk ou Erzenk, qu'il disait avoir apporté du ciel. Cette nouvelle imposture multiplia fort le nombre de ses sectateurs, qui passèrent du Turkestan en Perse, après la mort de Sapor. Hormuz, qui avait succédé à Sapor, le reçut fort bien, embrassa sa doctrine et lui fit bâtir, dans le Kouhistan, un château-fort, nommé Deskereh. Baharam ayant remplacé Hormuz, sous l'influence des mages, fit arrêter Manès, qui fut écorché vif, et dont la peau, remplie de

dans plusieurs villes de l'empire, entre autres à Ping-Yang (Chansi). Sous le règne de l'empereur Hien-Tsong, d'autres temples manichéens furent construits dans les villes de Honan-Fou et Tai-Yuen-Fou. « Les sectateurs de Mony, suivant le même ouvrage chinois, ne mangent pas de la chair de certains animaux et ne boivent pas de vin. Ils portent des bonnets et des vêtements blancs ; ils se réunissent en grand nombre la nuit dans leur temple, où ils commettent de vilains actes. Ils représentent le roi des démons assis sur un trône, avec Bouddha à ses pieds. » Le manichéisme n'a jamais eu qu'une faible influence en Chine, d'où il a disparu complétement.

La religion Hoey-hoey-kiao ou Tsin kiao (la religion du retour et de la soumission à Dieu ou la religion pure), qui, en l'an 781, avait des temples dans la ville de Sy-Ngan-Fou était l'islamisme apporté, en Chine, en l'an 628 ou 629, par un oncle de Mahomet, le Sahhabe Wahb Abi Kabcha. La construction de la première mosquée qui ait été bâtie

paille, fut exposée pour effrayer les manichéens. La plupart de ceux-ci s'enfuirent aux Indes ; quelques-uns passèrent dans le Turkestan, d'où ils pénétrèrent plus tard en Chine, avec les Hoeyhe. Manès établit comme un des principes de sa religion, l'abstinence de la chair des animaux et défendit expressément de tuer ou sacrifier aucun d'eux. Les manichéens se divisèrent dans la suite en *scedecoun* et *samacoun*. Les premiers (vrais et purs) s'abstenaient de tout ce qui était *delubat*, c'est-à-dire de tuer ou de manger aucunes sortes d'animaux. Les seconds, dont le nom signifiait mangeurs de poissons, mangeaient des animaux aquatiques.

Manès admettait deux principes créateurs éternels et incréés, formateurs du monde, l'un bon et auteur du bien, l'autre mauvais et cause du mal. Il ne croyait pas, comme Zoroastre, en un Dieu éternel. Le manichéisme n'a pas fait beaucoup de prosélytes en Chine ; il n'en a pas été de même au Thibet. Ainsi, il paraît constant que Tsouchava, le fondateur du lamaïsme moderne, était, dans l'origine, un prêtre manichéen, né dans une ville Tangouth. La religion dont le Dalaï-Lama est le pontife, ne semble être qu'un mélange de samanéisme et de manichéisme.

dans la ville de Sy-Ngan-Fou date de la première année du règne de l'empereur Ming-Houang (742 ap. J.-C.). Depuis cette époque, la doctrine de Mahomet n'a pas cessé de progresser dans le royaume du Milieu, où le nombre des musulmans s'élève à plus de vingt-quatre millions (1).

Il nous reste à parler de la religion Ta-tsing-kiao (religion de Ta-Tsing) ou King-Kiao (religion lumineuse).

« Cette dernière religion, suivant la description de Tchang-Ngan
« (Sy-Ngan-Fou), par *Min-Kieou* des Song (960 à 1120 de J.-C.), n'est
« point sortie originellement de la Perse. *Olo-Ho* (Eloha) s'est révélé
« dans un autre pays. Dans le principe, elle portait le nom de
« *Poszekiao*, religion de Perse, nom d'emprunt qui avait été pris par
« les religieux de Ta-Tsing pour entrer à Tchang-Ngan, et qu'ils chan-

---

(1) Nous nous proposons de publier très-prochainement un grand travail que nous venons de terminer, sur le mahométisme en Chine, et dans lequel nous retracerons son origine, sa doctrine, son culte, les persécutions dont il a été l'objet et l'avenir que nous lui croyons réservé dans l'extrême Orient. L'histoire de cette secte de l'islamisme est d'autant plus intéressante que les musulmans du Céleste-Empire ont adopté une partie de nos dogmes, de même que les bouddhistes ont copié les cérémonies de notre culte.

Il est une autre religion qui a toujours été confondue par les Chinois avec la religion mahométane ; nous voulons parler de la religion juive, qui porte les noms de kieou kiao (vieille religion), y-sze-eul-kiao (religion d'Israël) et tao-kiu-kiao (religion de la circoncision). Les juifs étaient autrefois pour le peuple chinois des Lan-mao-hoey, des musulmans au bonnet bleu. D'après une inscription trouvée à Kai-Fong-Fou (Honan), ils sont venus en Chine par la Perse, en suivant la route du Khorassan et de Samarkand, en l'an 205 de notre ère. Sous l'empereur Kin-Tsong (en l'an 1122), d'autres disent sous l'empereur Kiao-Tsong, en 1163, ils obtinrent du gouvernement impérial l'autorisation de s'établir définitivement à Kai-Fong-Fou ; en 877, un grand nombre d'entre eux périrent lors de la prise de Canton, par le rebelle Houang-Tchao. Il en reste aujourd'hui à peine quelques familles, qui habitent la ville de Kai-Fong-Fou.

« gèrent ensuite, quand ils y furent établis définitivement. *Olopen* est
« arrivé à Tchang-Ngan, la neuvième année, Tchen-Kouan (635) de
« *Tai-Tsong*. La première église qu'il obtint l'autorisation de bâtir se
« nommait église persane; en 639, un décret impérial décida que
« cette église prendrait le nom de *Tatsing-sze*. Dans les années Ny-fong
« (675-679), elle dut reprendre son ancien nom; enfin, en la qua-
« trième année, Tien-pao (Yuen-Tsong) [745], parut l'édit impérial
« suivant: La religion *posze kiao* est originaire du royaume de Ta-Tsing.
« Se propageant par la prédication, elle est venue dans le royaume
« du Milieu où elle est pratiquée depuis longtemps. Dès le commen-
« cement de son introduction, on a bâti des temples en son honneur,
« appelés temples de *Posze*. Dans le but d'éclairer les peuples à cet
« égard, nous voulons que le nom de ces temples concorde avec leur
« origine. Il convient donc qu'on change dans les deux capitales la
« dénomination de temple persan en celle de temple de Ta-Tsing.
« Respectez cet édit. »

Il résulte de ces documents que la religion lumineuse a été apportée
en Chine en l'an 635, par des religieux qui l'ont introduite sous le
nom de religion persane, qu'elle a conservé ce nom assez longtemps,
et que ce n'est qu'en 745 qu'elle a été appelée définivement, par ordre
de l'empereur, *Ta-tsing-kiao*, religion de Ta-tsing ou *King-kiao*,
religion lumineuse. Mais qu'était-ce que le royaume de Ta-tsing au
VIIIe siècle? C'était, d'après l'inscription de la religion lumineuse,
le royaume borné au nord par les montagnes d'Arménie, à l'ouest par
la grande *mer*, au sud par la mer Rouge et au sud-est par la *Perse* et
le golfe Persique. Ce royaume, dont un ouvrage intitulé *Sin-Tang-chou*
donne la description, était immense; la Syrie, la Palestine, la Mésopotamie, la Babylonie en faisaient partie. Lorsque les Romains s'empa-
rèrent de Constantinople, en 395, et se rendirent maîtres de la Syrie,

de la Babylonie, etc., ce nouvel empire fut appelé par les Chinois Ta-tsing-koue, royaume de Ta-Tsing. Dans ce royaume, dit l'auteur du *Kiuen-yu-tou*, se trouve enclavé un petit État nommé Tamosze (Damas) remarquable par une vallée dans laquelle est une ville dont les maisons sont construites avec des arbres très-droits et très-élevés, et *d'où sont venus les étrangers qui ont apporté en Chine la religion lumineuse.*

Ainsi Olopen, dont le nom syriaque Alopeno signifie retour à Dieu, était de Damas, si l'on doit s'en rapporter à l'ouvrage que nous venons de citer. Dans la grande géographie chinoise de la dynastie des Ta-Tsing (Ta-tsing-y-tong-tche), dont M. Pauthier a reproduit un grand nombre d'extraits dans la *Chine moderne*, se trouve un passage très-curieux qui concorde avec l'opinion de l'auteur du *Kiuen-yu-tou*. A propos de la description de la province du Ngan-hoey, il est dit : « Parmi les voyageurs célèbres qui vinrent dans cette province, il y eut un prêtre nommé *Tsan* (le brillant), qui est arrivé de Tamo sous le règne de Yuen-Tsong. Ce religieux n'avait, selon la tradition, que ses vêtements de religieux et un vase pour recevoir sa nourriture. Ce fut à San-Tsou qu'il s'établit d'abord, et c'est dans une vallée déserte de la montagne Houan qu'il expliqua sa doctrine *fà*. Il finit ses jours et fut enterré dans un monastère situé dans une vallée de la montagne en question. L'empereur Yuen-Tsong lui conféra le titre honorifique posthume de Tche-Kien-chen-sze (maître de la contemplation spirituelle et de la sagesse). »

Quel était ce religieux venu de Damas? A quelle Église appartenait-il, de même qu'Olopen? Étaient-ils nestoriens, jacobites ou catholiques ? Ils étaient évidemment de l'Église syrienne, qui, à cette époque, c'est-à-dire au viiie siècle, était divisée en trois camps : 1° les eutychéens ou jacobins, qui, proscrits par le concile de Chalcédoine et par les empereurs, se répandirent dans la Syrie ou dans le patriarcat d'Antioche, que l'on appelait le diocèse d'Orient ; 2° les nestoriens (1) de la Chaldée et de la Mésopotamie, qui prirent le nom de chaldéens ou d'orientaux ; 3° les orthodoxes catholiques, nommés par leurs adversaires melchites ou royalistes, parce qu'ils avaient retenu les mêmes croyances que les empereurs, et qui, dans la suite, prirent le nom de maronites qu'ils portent encore aujourd'hui. Le syriaque ou le syro-chaldaïque était la langue vulgaire de tous ces peuples ; de plus, leurs prêtres étaient mariés ; les évêques nestoriens seuls observaient le célibat. Ce qu'a fait l'Église syrienne pour répandre la foi chez les infidèles est vraiment remarquable. Pendant que le clergé catholique travaillait à instruire et à guérir de leur férocité les barbares du nord, envahisseurs de l'Europe, les euty-chéens, les nestoriens et les orthodoxes catholiques portaient la *bonne nouvelle* aux peuples de l'Inde, de la Perse et de la Tartarie. Sur la fin du ve siècle, les partisans d'Eutychès, condamnés par le concile de Chalcédoine et formant plusieurs sectes, étaient sur le point de disparaître, quand Sévère, patriarche d'Antioche, chef de la secte des acéphales et les autres évêques eutychéens comprirent la nécessité de se rallier. En l'an 541, ils élurent, pour évêque d'Édesse, Jacques Baradée ou Zanzale, et lui donnèrent le titre de métropolitain œcu-ménique. Il parcourut l'Orient, rassembla les différentes sectes d'eu-tychéens et en devint le chef. C'est de là qu'ils ont été nommés jacobites ou monophysites (2). Eutychès prétendait que la nature

(1) Les nestoriens de l'Inde, que les Portugais ont trouvés sur la côte de Malabar, vers l'an 1500, se nommaient chrétiens de saint Thomas. D'après la tradition, saint Thomas a étendu sa mission jusque dans la presqu'île des Indes, et a été martyrisé dans la ville de Calamine, nommée ensuite Saint-Thomé, et aujourd'hui Méliapour.

(2) Les arméniens, secte de chrétiens d'Orient, ainsi appelés parce qu'ils habitaient autrefois l'Arménie, après avoir formé une Église très-florissante,

divine en Jésus-Christ avait absorbé la nature humaine, qu'il n'y a en Jésus-Christ qu'une seule volonté, savoir la volonté divine. Les jacobites furent d'abord protégés par les Perses, ennemis des empereurs de Constantinople, ensuite par les Sarrasins; ils ont porté, dit-on, leur hérésie dans les Indes, la Tartarie et jusqu'en Chine. Il est fort possible qu'il en existât à Sy-Ngan-Fou, en l'an 781, confondus avec les autres chrétiens, sous le nom de Ta-tsing-kiao. Quant à leur nom particulier, il n'en est fait mention nulle part.

Nous ne parlerons pas de l'origine du nestorianisme. Les partisans de Nestorius, proscrits par les empereurs de Constantinople après sa condamnation par le concile d'Éphèse, se retirèrent dans la Mésopotamie, la Babylonie, et surtout en Perse, où, protégés en qualité de transfuges mécontents de leur souverain, ils purent établir leurs croyances, grâce à l'influence dont Barsubas, évêque de Nisibe, jouissait auprès du roi Phérosès. Au VIe siècle, ils avaient fait de grands progrès dans ce royaume, ainsi que le rapporte Cosme Indicoplastes, dans sa *Topographie chrétienne*. A cette époque, ces mêmes nestoriens propagèrent leur doctrine dans l'Inde, sur les côtes de Malabar, de la mer Caspienne, et dans une grande partie de la Tartarie. Ceux qui évangélisèrent les Indes et la côte de Malabar prirent le nom de saint Thomas. Au VIIe siècle, ils pénétrèrent en Chine et dans le nord de la Tartarie, où ils eurent plusieurs évêchés, ainsi que le prouvent des catalogues dressés par eux. On trouve, dans une histoire

en 525, embrassèrent la plupart les erreurs et le schisme des jacobites. Les arméniens étaient du ressort du patriarche de Constantinople; ils s'en séparèrent avant le temps de Photius, aussi bien que les grecs de ce même pays, et composèrent ainsi une Église nationale, en partie unie à l'Église romaine et en partie séparée d'elle; car on en distingue deux sortes : les francs arméniens et les schismatiques; les premiers sont catholiques et soumis à l'Église romaine.

ecclésiastique des Tartares, composée sous les yeux du savant Mosheim, par un de ses élèves, et imprimée à Helmstadt, en **1744**, que, sur la fin du viiiᵉ siècle, Timothée, patriarche des nestoriens, qui demeurait au monastère de Beth-Aba, dans l'Assyrie, envoya plusieurs de ses moines prêcher l'Évangile chez les Tartares voisins de la mer Caspienne, qu'ils furent écoutés et fondèrent des Églises non-seulement dans cette contrée, mais en Chine et dans les Indes. Les preuves sont des monuments tirés de la bibliothèque orientale d'Assemani. L'écrivain syrien Ebed. Jesus (1), raconte, dans son *Epitome canonum*, que les premiers siéges métropolitains, dans le Khorassan et en Chine ont été fondés par le catholicos Sabba-Zacha, patriarche nestorien. Il est hors de doute qu'au viiᵉ siècle, quand Olopen est venu en Chine, les nestoriens ont dû y arriver par la Perse, s'ils ne s'y trouvaient pas déjà. Quant au nom de leur religion, il devait être officiellement le même que celui des autres sectes de la religion chrétienne, que l'on appelait Ta-tsing-kiao (religion de Ta-tsing, ou religion de l'Église syrienne).

On appelait peut-être également le nestorianisme Che-tsee-kiao (**2**), la religion de la Croix, dont parle le père Boym dans son *Epistola ad*

---

(1) Ebedjesu, ou Abdjessu, ou Abdissi, était un patriarche nestorien du xviᵉ siècle, qui se rendit à Rome pour faire son abjuration, et envoya sa profession de foi au concile de Trente ; il reçut du Souverain-Pontife le pallium, et, de retour en Syrie, travailla avec succès à la conversion des schismatiques. Il était savant dans les langues orientales, et a composé plusieurs ouvrages.

(2) *Imo ipse venerabilis P. Matthæus Riccius cum primum in Sinas penetravit, Che-tsee-Kiao nomen crucis doctrinæ reperit, quo nimirum christiani antiquitus crucis doctrinæ discipuli apud Sinas vocarentur ; et omnino viguisse christianos in Sinarum regnis cum prima vice Tartari trecentos ante annos invasissent Sinas, mihi nullum dubium esse potest* (Michael Boymius, *Polonus, e Soc. Jesu*).

lectorem (1), et que suivaient les chazinzariens ou staurolâtres (adorateurs de la croix), qui étaient des nestoriens arméniens, n'adorant de toutes les images que la croix. Ils reconnaissaient, comme les autres nestoriens, deux natures en Jésus-Christ, mais en différaient par certaines opinions, qu'ils disaient avoir reçues par tradition de leur évêque.

Il nous reste à parler des chrétiens orthodoxes de l'Église syrienne (2). C'est une tradition constante chez les Orientaux que saint Pierre, saint Thomas, saint Barthélemi, saint Matthieu et saint Jude, apôtres, ont prêché l'Évangile dans les parties orientales de l'Asie, dans la Chaldée, la Mésopotamie et la Perse; que saint Thomas est allé même jusqu'aux Indes; enfin que, dans la suite, leurs disciples ont porté le christianisme dans la Tartarie et jusqu'à la Chine. Les preuves de cette tradition, à laquelle on n'a pu, jusqu'à présent, opposer aucune raison solide, ont été données par le savant Assemani, dans sa *Bibliothèque orientale* (4ᵉ vol.). Il paraît certain, d'après ce que l'on sait à ce sujet, que, depuis le premier siècle de l'Église, il y a eu des chrétiens dans la Perse, et que, dès le siècle suivant, ils étaient sous la juridiction des évêques de Séleucie. Ils y

---

(1) Chazinzarien vient du mot arménien chasus, croix. Storaulâtre vient du grec stauros (croix) et latria (culte, honneur).

(2) *In universali orbis terrarum ab apostolis et Hierosolymis facta distributione ad divini evangelii propagationem S. Thomæ Indiam obtigisse ex ecclesiastica historia constat, quo ut pertingeret iter tale orditus est. Ex Indœa, Syria, Armenia, Mesopotamia peragrata in quamdam Persidis urbem pervenit quæ Soldania dicitur ubi divini Verbi semente sparsa ingentem christianorum messem obtinuit. Hinc vero per regnum Candahar et Cabul, quæ XL leucis distat Candahar; Cabul vero Calabor quoque dicitur per quam S. Apostolus egressus est per montes altos in regionem quæ in hanc usque diem Gavorstan a Mauris dicitur, idest regio infidelium qui etiamnum ibi perseverant christiani S. Thomæ dicti.* (KIRCHER, ch. VII, *China illustrata*.)

furent assez tranquilles jusqu'au ive siècle, et même protégés par les souverains de ce pays. En l'an 325, un archevêque de Séleucie, nommé Papas, envoya deux députés au concile de Nicée. L'évêque d'Édesse et un évêque de Perse y assistèrent. Assemani observe que l'état monastique s'introduisit dans la Perse très-peu de temps après sa naissance en Égypte, qu'il y fit de grands progrès, que la plupart des moines persans furent missionnaires et souvent élevés à l'épiscopat. Mais dès que les empereurs romains eurent embrassé le christianisme et l'eurent rendu dominant dans l'empire, cette religion devint suspecte aux rois de Perse. Les chrétiens furent considérés comme des sujets prêts à se livrer aux Romains; et, dès l'an 330, Sapor II exerça contre eux une persécution sanglante, dans laquelle les orientaux comptent cent soixante mille martyrs. Ce carnage fut renouvelé le siècle suivant, sous les règnes de Varane et d'Iezdejerd.

Au commencement du ve siècle, les partisans de Nestorius, proscrits dans l'Empire romain, se réfugièrent dans la Perse et y propagèrent leur doctrine. Barsubas, évêque de Nisibe, abusa de son influence auprès du roi Phérosès pour faire persécuter les catholiques comme amis et espions des Romains. C'est à cette époque, de 411 à 415, que l'archevêque orthodoxe de Séleucie, Achæus, fonda, suivant certains auteurs, les premiers siéges métropolitains en Tartarie et sur les frontières de la Chine. Assemani a publié une liste des métropolitains soumis à l'archevêque de Séleucie depuis Amrus, et cite parmi eux ceux de la Chine et de l'Inde (1). Les chrétiens jouirent ensuite en

(1) Dans la bibliothèque du roi de France, dit Du Halde (*Annales de la monarchie chinoise*), se trouve un vieux manuscrit arabe, dans lequel on peut voir que, sous le règne de l'empereur Tai-Tsong, le patriarche catholique des In des envoya prêcher l'Évangile en Chine, et que ces prédicateurs furent reçus dans la cité impériale, où ils furent introduits par Fan Hiung-Ling, ministre de l'empereur.

Perse d'un peu de tranquillité. Les rois les traitaient bien ou mal selon qu'ils étaient en paix ou en guerre avec les Romains, et quand il était question de faire des traités, c'étaient ordinairement des évêques catholiques ou nestoriens qui en étaient les médiateurs. Au vi[e] et au viie siècle, catholiques et nestoriens profitèrent des moments de calme dont ils jouissaient pour envoyer des missionnaires dans la Tartarie et en Chine. Olopen était probablement un missionnaire catholique syrien ou arménien, et, si l'on doit ajouter foi aux annales chinoises, un ambassadeur du roi de Perse ou du roi de Ta-Tsing, c'est-à-dire de l'empereur d'Orient, Héraclius, — ce qui le prouve, c'est qu'à son arrivée à Tchang-Ngan, Olopen fut reçu avec les honneurs accordés aux représentants des puissances étrangères. — Les annales chinoises constatent, en outre, qu'en l'an 635, il est venu en Chine des ambassadeurs, aux cheveux blonds et aux yeux bleus, dont l'air, la forme et les vêtements étaient tout à fait nouveaux. Un historien remarquable de la dynastie des Song, Ouang-Tsee-Pou, raconte également, dans un ouvrage intitulé *Tai-ping-kouan-yu-ky* : « Qu'à la
« fin des Han, en la première année Yen-tsy, le roi de Ta-Tsing,
« Antun (Antoine), chargea un ambassadeur de porter, par l'Annam,
« à l'empereur de la Chine, des présents parmi lesquels on remar-
« quait des dents d'éléphant, des cornes de rhinocéros et des fruits
« nommés Tan-mey. — Sous le règne de l'empereur Ou-ty, ajoute le
« même écrivain, et en l'an 643, deux autres envoyés du roi de
« Ta-Tsing sont arrivés à Tchang-Ngan. — C'est ainsi que l'on sut
« que le roi de Ta-Tsing (Constantin Pogonat) avait été battu par
« les Arabes et obligé d'abandonner sa capitale. — En la septième
« année Kai-yuen, le roi de Ta-Tsing ayant appris que le roi du Tok-
« karestan se proposait d'envoyer auprès de l'empereur de Chine un
« de ses astronomes nommé Ta-Han-Nou, profita de cette occasion

« pour offrir à l'empereur Hiuen-Tsong des présents qui furent
« apportés par un prêtre revêtu du titre d'ambassadeur. »

Ce prêtre est sans doute un de ceux dont le nom est mentionné
dans l'inscription de Sy-Ngan-Fou. Comme on le voit, c'était une
sorte de coutume adoptée par les empereurs d'Orient de confier des
missions diplomatiques, à l'étranger, à des prêtres ou à des religieux
établis soit dans l'intérieur de l'empire soit à l'extérieur. Or, comme
au vii⁰ et au viii⁰ siècle, un grand nombre de religieux syriens ou
arméniens se trouvaient en Perse, continuant à avoir des relations
très-suivies avec Constantinople; comme on sait, d'un autre côté, qu'à
cette époque les évêques catholiques et nestoriens de la Perse envoyèrent des missionnaires en Tartarie et en Chine, on peut très-bien
supposer qu'Olopen était un de ces missionnaires qui, d'après Ming-
Kieou, dont nous avons parlé plus haut, et Onang-pao, auteur du
Tang-hoey-ugao, fut obligé, à son arrivée à Tchang-Ngan, de cacher
sa nationalité jusqu'en **639**, époque à laquelle il obtint de l'empereur
Tai-Tsong que l'église qu'il avait été autorisé à construire sous le nom
de temple persan prendrait désormais le nom de temple de Ta-Tsing.
Ce nom de Ta-Tsing devint alors le nom générique appliqué à toutes
les sectes chrétiennes de l'Église syrienne connues en Chine sous les
Tang. Olopen, pour distinguer la religion qu'il apportait d'Occident,
la désigna ensuite par l'expression de King, lumineuse : c'est-à-dire,
la religion dont le fait méritoire est d'éclairer et d'illuminer.

Le mot lumière est souvent employé dans l'Écriture sainte pour
exprimer ce qu'il y a de plus parfait. Lorsque saint Jean dit que Dieu
est lumière et qu'il n'y a point en lui de ténèbres, il entend que Dieu est
la souveraine perfection. Le Fils de Dieu, selon saint Paul, est la splendeur de la lumière ou de la gloire du Père, c'est-à-dire qu'il lui est égal
en perfection. Pour saint Justin, le Christ, Verbe divin, est la raison

universelle qui éclaire tous les hommes. Lorsque le concile de Nicée l'a
nommé lumière, il a donné à entendre que le Père éternel a engendré
son Fils égal à lui-même, sans rien perdre de son être ni de ses perfections, comme un flambeau en allume un autre, sans rien perdre
de ses perfections. « Je suis la lumière du monde, a dit Jésus-Christ
sur la montagne des Oliviers, celui qui me suit ne marchera point
dans les ténèbres, mais il aura la lumière de la vie. » La parole de
Dieu, la loi de Dieu est appelée aussi une lumière qui nous éclaire,
parce qu'elle nous fait connaître nos devoirs. Les apôtres, devant
éclairer les hommes par la prédication de l'Évangile et par l'exemple
de leurs vertus, représentent, selon saint Matthieu, la lumière du
monde. Les fidèles sont appelés enfants de lumière ; les bonnes
œuvres, des armes de lumières, enfin le bonheur éternel est désigné
sous le nom de lumière éternelle (Apoc., c. XXII, 6).

L'expression religieuse de lumière n'est donc pas nouvelle et nous
semble admirablement choisie pour désigner la religion que l'on
appelle aujourd'hui en Chine la religion du Maître du ciel, « Tien
tchou kiao, » celle que Jésus-Christ a établie, qui le reconnaît et
l'adore comme le Messie et le Rédempteur des hommes.

En résumé, le symbole proclamé par l'inscription de Sy-Ngan-Fou y
est trop bien défini, les grands linéaments de la vraie doctrine du
Christ y sont trop nettement, trop distinctement accusés, pour que
l'on puisse confondre cette doctrine avec celles que l'Église catholique condamne comme entachées d'hérésie.

M. l'abbé Huc, qui veut à tout prix que l'inscription soit nesto-
rienne, prétend que les caractères syriaques estranghélo qui accom-
pagnent les caractères chinois suffisent à eux seuls pour déterminer
la doctrine religieuse de l'inscription. Le savant missionnaire s'appuie,
pour trancher cette délicate question, sur la publication d'un cata-

logue de patriarches chaldéens nestoriens, fait en **1775** par Assemani.
D'après ce catalogue, un patriarche catholicos nestorien, dont le nom
d'Hanan Jésua (Jean-Josué) correspond à celui qui est mentionné par
l'inscription, aurait été élu à Séleucie en l'an **774** de notre ère, et
serait mort en **778**. Or, l'érection du monument de Sy-Ngan-Fou date
de **781**. Comment expliquer alors l'anachronisme qu'auraient ainsi
commis les rédacteurs de l'inscription? M. Pauthier cherche à les
excuser en faisant valoir la distance qui séparait l'Assyrie ou la Mésopotamie de la Chine, et la difficulté extrême des communications entre
les deux contrées. Ceci n'est pas admissible, parce qu'on connaît très-
bien aujourd'hui, par les relations des ambassadeurs et des voyageurs
des viie, viiie, ixe et xe siècles, les routes que l'on suivait alors pour venir
d'Europe dans le Céleste-Empire. On sait, en outre, que, par suite
des relations commerciales établies entre les deux pays, les nouvelles
se communiquaient assez rapidement, soit par la voie de terre, soit
par celle de mer. On ne peut donc supposer que ceux qui ont élevé
le monument de Sy-Ngan-Fou, s'ils étaient réellement nestoriens, aient
pu ignorer pendant trois ans et demi un événement aussi important
que celui de la mort de leur patriarche. Cette hypothèse est d'autant plus
inacceptable que, depuis le ve siècle, des nestoriens ou chrétiens de
saint Thomas (1) étaient établis sur la côte de Malabar, et que quel-

---

(1) Le bouddhisme porte, en Chine, les noms de Fo-kiao, religion de Fo
ou Tamo-kiao, religion de Tamo. Quelques personnes ont cru que ces der-
nières expressions s'appliquaient à la religion de saint Thomas et non au
nestorianisme. C'est une erreur. Tamo est le nom chinois donné à Boddi-
Dharma, le vingt-huitième patriarche à qui Chakia-Mouni a communiqué le
secret des mystères de la grande doctrine et le premier patriarche qui soit
venu en Chine en l'an 495. La doctrine de Bouddha, proscrite de l'Inde par
le brahmanisme, s'implanta à cette époque en Chine, et, au xiiie siècle, un
des Bouddhas vivants fut élevé au rang des rois par le petit-fils de Gengis-

ques-uns des prêtres dont les noms sont inscrits sur le monument étaient, d'après le texte syriaque de l'inscription, originaires du Tokkarestan, qui était tributaire de la Chine et avait sans doute, par la Perse, de fréquentes communications avec l'Assyrie ou la Mésopotamie.

Une autre preuve que Hanan-Jésus n'était pas nestorien, c'est qu'il portait le titre de patriarche catholique, titre que, d'après les abbés Bragier et Renaudot, les nestoriens n'osèrent jamais donner à leur principal évêque, qu'ils appelaient simplement catholique. De plus, leurs évêques n'étaient pas mariés. Or, Adam, dont le nom est inscrit sur le monument, était fils d'Isbuzaid, évêque et pape en Chine (1).

Maintenant, qu'était-ce que le patriarche catholique Hanan-Jésus? Nous répondrons, avec les Pères Kircher, Boym, etc., que nous n'osons pas nous prononcer à ce sujet, mais nous croyons que, si la doctrine formulée par l'inscription était celle qu'il dirigeait et enseignait, il devait être patriarche catholique orthodoxe. De 411 à 415, l'archevêque orthodoxe de Séleucie, Achæus a fondé les premiers

Khan, qui établit le nouveau siége des patriarches bouddhistes dans la capitale du Thibet. De cette époque date la fondation du lahmanisme, qui est resté la religion des Thibétains, des Mongols et des Tartares Mantchous, tandis que le bouddhisme, en Chine, a été remplacé par une idolâtrie basée sur les superstitions les plus grossières.

(1) Les patriarches, ou primats d'Orient, ont pris le titre de catholiques. On disait le catholique d'Arménie pour désigner le primat ou le principal évêque d'Arménie, titré à peu près semblable à celui d'œcuménique, qu'avaient pris les patriarches de Constantinople. Le titre de catholique était moindre que celui de patriarche. Les nestoriens, obligés de se réfugier dans la Perse, nommèrent leur principal évêque catholique, ils n'osèrent pas l'appeler patriarche, quoique Nestorius l'eût été de Constantinople. (BRAGIER, *Dictionnaire de théologie*.)

siéges métropolitains en Tartarie et sur les frontières de la Chine. Pourquoi Hanan-Jésus ou (Jean-Josué) ne serait-il pas un de ses dignes successeurs?

Quoi qu'il en soit, il n'en est pas moins vrai qu'en l'an 845, d'après un dénombrement ordonné par l'empereur Vou-Tsong, l'Empire chinois comptait plus de trois mille prêtres étrangers de la religion de Ta-tsing, non compris le clergé indigène. Les courageux ouvriers du Seigneur pouvaient donc espérer atteindre le but de régénération vers lequel ils marchaient avec tant de zèle et de dévouement, lorsque le vent de la persécution s'étant mis à souffler, ils furent obligés d'abandonner leur œuvre, laissant à leur divin Maître le soin de la poursuivre et de l'achever. Pendant de longues années, la Chine fut livrée à elle-même avec son paganisme et tous ses cultes d'erreurs et de déception; puis, un saint apôtre est venu lui rappeler la vérité, et, depuis cette époque, quelques brebis ont pu être sauvées dans cet immense troupeau qui est rongé par un mal terrible dont le christianisme seul pourra le délivrer (1). C'est la religion du Christ qui, en

(1) Il est un obstacle qui arrête sérieusement les progrès de la propagation de la foi en Chine; nous voulons parler de l'obligation imposée aux lettrés et aux mandarins civils de se conformer, en certaines circonstances, à des actes que la cour de Rome a condamnés, comme entachés de superstition. Il en est résulté que la porte des honneurs et de la considération s'est fermée pour les chrétiens qui, sans appui, sans soutien, sont exposés continuellement aux persécutions de leurs ennemis aussi acharnés que nombreux. Pour remédier à un état de choses aussi regrettable, il suffirait d'obtenir du gouvernement chinois, comme au Tong-King, pleine et entière liberté de conscience pour tous ceux qui désirent embrasser la religion chrétienne. Le gouvernement français et les missions catholiques auraient le plus grand intérêt à ce que ce privilége, que nous pouvons très-bien réclamer au nom de l'article 13 du traité de Tien-Tsin, nous fût accordé le plus tôt possible par le cabinet de Pekin. Tant qu'il en sera autrement, le zèle des coura-

spiritualisant l'homme, en révélant au genre humain sa mission sur cette terre, en lui apprenant qu'il devait dompter ses sens et le monde matériel, lui a appris le secret de ses forces et de sa puissance, et a préparé les voies à cet admirable développement scientifique et industriel qui fait l'honneur de notre siècle. Toutes les nations qui l'ont repoussée vivent dans l'immobilité ; toutes dégénèrent et s'abâtardissent. Chez elles, nul progrès, nul mouvement, nul signe de vie ; partout la décrépitude, partout la dissolution. On dit, en parlant d'elles, qu'elles sont vieilles et malades. La Chine n'a pas échappé à cette terrible loi. Elle est atteinte dans ses parties vitales, et si ses gouvernants ainsi que ses peuples ne renoncent pas bientôt au panthéisme matérialiste qui étouffe tous les nobles sentiments du cœur, ainsi qu'à l'idolâtrie qui abrutit l'esprit, elle finira, de décadence en décadence, par arriver à cette limite extrême où tout remède est inutile. Que ses hommes d'État, s'ils aiment réellement leur patrie et désirent la sauver, s'empressent donc de reconnaître et de pratiquer les vertus évangéliques qu'Olopen enseigna il y a dix siècles à leurs ancêtres et qui renferment en elles la régénération de toute société humaine.

« Les cités et les nations qui ont été les plus attachées au culte divin ont toujours été les plus sages et les plus durables, tandis que celles qui, ayant connu le vrai Dieu, ont refusé de le glorifier et d'accepter ses lois n'ont fait que passer. »

geux apôtres de la foi, soutenu par la protection bienveillante de la France, ne parviendra que fort lentement à faire pénétrer la vérité au milieu de ces masses idolâtres et sceptiques, qui résistent énergiquement à toutes tentatives ayant pour but de les délivrer de l'esprit du mal dont elles subissent, pour leur malheur, la fatale oppression.

NOUVELLE TRADUCTION

DE L'INSCRIPTION DE SY-NGAN-FOU [1]

INSCRIPTION GRAVÉE SUR UNE PIERRE ET COMPOSÉE PAR LE PRÊTRE KING-TSING
DE L'ÉGLISE DE TA-TSING
POUR CONSERVER LE SOUVENIR DE L'INTRODUCTION
ET DE LA PROPAGATION EN CHINE DE LA RELIGION LUMINEUSE
AVEC UNE PRÉFACE

En vérité, l'être (2) qui existe par lui-même, vrai, immuable, ayant précédé les premiers êtres, sans commencement, immense, infiniment parfait et intelligent, incorporel, éternel, est en tout merveilleux. Souverain moteur, il a pris en main le mouvement originel et a opéré la création. Tous les saints (les anges) substances spirituelles, intelligentes, tiennent le premier rang parmi les créatures. Mon un en trois (personnes) substance spirituelle, incorporelle, mer-

(1) Nous avons fait cette traduction, qui diffère essentiellement de toutes celles qui ont paru jusqu'à ce jour, avec l'aide du lettré du consulat de France à Canton, le nommé Yu-Yun-Tchong, un des chrétiens les plus intelligents, les plus instruits que nous ayons connus en Chine.

(2) Dieu, se nommant à Moïse, lui dit : *Ego sum qui sum,* nous faisant ainsi comprendre qu'il est lui-même sa raison d'être, et qu'on ne peut le définir parce qu'on ne peut le limiter.

veilleuse, le premier des premiers, est le vrai Seigneur (1) Oloô (Eloha).
Il a établi les quatre parties du monde sous la forme d'une croix
Donnant le mouvement à l'air primogène, il a produit les deux ky (2),
c'est-à-dire les deux grands principes actifs de l'univers (3). Tout ce
qui était caché, obscur et vide a été changé en clair et en plein ; le
ciel et la terre ont paru ; le soleil et la lune ont accompli leurs révo-
lutions et le jour et la nuit ont été faits. Le souverain architecte, après
avoir tout créé, a lui-même formé le premier homme, et, le grati-
fiant particulièrement de la bonté morale naturelle (4), de la droiture

(1) Oloô est la prononciation syriaque du nom de Dieu propre à cette
langue. C'est le même nom que le mot hébreu Eloha, qui signifie *très-haut*.
Elohim était le nom donné par les livres saints aux divinités qui étaient
adorées par les peuples de la terre de Canaan lors de l'arrivée des Israélites.

(2) Concession aux idées chinoises. Le mandat du ciel est comme une
mission reçue ; la nature rationnelle ou morale, c'est la voie droite, la raison. Le ciel, par le moyen du yn et du yang ou du principe femelle et du
principe mâle, qui sont les deux principes primogènes aériformes (ky) et par
le moyen des cinq éléments, donne la naissance par génération et par transformation à tous les êtres de l'univers. (*Commentaire du Tchong-Yong,* par
Tchou-Tsèe.) — L'esprit de Dieu (le souffle de Dieu, vent violent), s'était
porté sur les eaux, les disposant à produire les êtres qui devaient être
créés (*Genèse*). — Saint Augustin pense qu'il ne faut voir dans cet esprit de
Dieu qu'un agent naturel et créé. Godefroy, l'un des plus remarquables
commentateurs de la Genèse, croit qu'on doit entendre par là le principe
vital des corps bruts, c'est-à-dire ce principe merveilleux qui pénètre toute
matière et qui, selon l'état particulier des éléments des corps, se manifeste
par des effets caloriques, lumineux, électriques ou magnétiques. Il est, en
effet, naturel d'admettre, d'après la lettre même du livre saint, que toute
matière pondérable ou impondérable a été créée au commencement; ceci
est conforme à l'opinion des savants, qui admettent que chaque molécule de
la matière est pour ainsi dire enveloppée par une atmosphère impondérable.
(Dupiney de Vorepierre.)

(3) *Et dixit Deus : fiat lux et facta est lux.* (*Genèse*, I, ℣ 3.)

(4) **Dieu** a créé l'homme droit (*Eccl.*, VII, ℣ 30) et dans la justice
(*Ephes.*, IV, ℣ 24).

et de la justice originelle, il lui a ordonné (1) de présider aux quatre mers.

Sa nature originelle, intelligente, était simple (2) et non remplie d'orgueil; son cœur était pur, large et sans aucuns désirs déréglés. Puis, est survenu Satan qui, usant de ruses et revêtant des formes séduisantes, a attaqué sa simplicité, sa pureté naturelle et qui, méchamment, est parvenu à diviser ce qui en lui était si large, si grand et en même temps si calme. Le mal alors et l'erreur ont pu pénétrer insensiblement par une légère ouverture, et la nature de l'homme a succombé. Il s'en est suivi que trois cent soixante-cinq sectes, marchant sur les traces l'une de l'autre, se sont formées tumultueusement, chacune cherchant le plus tôt possible à tisser des filets de lois ou de doctrines.

Les unes prétendaient qu'il fallait adorer la créature au lieu du créateur et indiquaient les êtres créés comme devant être le principe de nos croyances; d'autres soutenaient que le vide est (3), et qu'il a

(1) Dieu dit : Faisons l'homme à notre image et à notre ressemblance, pour qu'il préside aux animaux, à tout ce qui vit sur la terre, à toute la terre elle-même (*Genèse*, 1, ℣ 26).

(2) *Hiu eul pou moên* (vide et non plein). Confucius s'est servi d'une expression à peu près analogue dans le *Lun-yu* (l. IX, ch. xxv). Le maître a dit : L'homme bon, tel que je le conçois, est introuvable. Quand pourrai-je donc voir un homme possédant et affectant de ne pas avoir, un homme vide et affectant d'être plein (*hiu eul oey moên*).

(3) Allusion au système de Lao-Tsée, qui repose sur le *tao* ou raison primordiale éternelle et suprême, désigné aussi par les expressions de *hiuen*, l'indistinct, de un, l'unité absolue, et qui, considérée sous ses deux modes d'être, est : 1° Le non-être ou l'incapacité; 2° l'être ou la capacité. — Les spéculations de Lao-Tsée, a dit Tchou-hi, généralement parlant, roulent sur le *vide*, sur le repos ou l'immobilité, sur le non-agir, sur l'isolement du monde et la conservation de soi-même ; pour lui, *lé vide*, l'incorporel, l'innocuité envers tous les êtres de l'univers est ce qu'il y a de réel, de vrai.

deux modes (cachés) d'être ; d'autres sacrifiaient en priant pour demander la fortune ; enfin, il y en avait qui faisaient parade de leurs prétendus mérites pour tromper les autres. Intelligents ou bornés, tous ceux qui appartenaient à ces sectes avançaient et reculaient suivant les mouvements de leurs passions, se pressant sans pouvoir atteindre leur but. Le feu qui les animait n'a pas tardé à les dévorer ; obscurcis par les ténèbres, ils ont perdu la voie droite, et, étant réstés trop longtemps en-dehors d'elle, ils n'ont pu la retrouver.

C'est pour cela que mon un en trois personnes a donné (1) sa (2) propre substance (3), l'illustre et honorable Messiah (4) qui, mettant de côté et voilant sa vraie majesté, s'est fait homme et a paru dans le monde. Un ange du ciel a été délégué pour annoncer, avec ses félici-tations, à une femme vierge qu'elle enfanterait un saint dans le royaume de *Ta-Tsing*.

(1) Le mot *fen*, d'après le dictionnaire de Morisson et le *Kang-hi-tse-tien* ne veut pas seulement dire séparer, diviser ; mais aussi distribuer (*distribute*), conférer (*confer*), donner à plusieurs (*give*). Le dictionnaire Kouang-yun, publié sous les Tang et cité dans *Kang-hi-tse-tien*, donne à ce caractère le sens de *fou-ye*, « *res a cœlo datæ ; che-ye*, « *largiri beneficium, conferre, extendere, diffundere.* » (Bas.)

(2) *Chen* veut dire corps, personne, substance ; la même expression a été déjà employée lors de la définition des attributs de Dieu, *dont la substance merveilleuse comprend trois personnes.*

(3) Dans le texte chinois, il y a King-tsun, deux épithètes qui veulent dire : Brillant, lumineux, glorieux, illustre, honorable. Seulement, par ces deux sons, l'auteur n'a-t-il pas cherché également à imiter le mot *Christum* (Christ), oint, synonyme du mot hébreu *Maschiaeh*. Oint, c'est-à-dire celui auquel Dieu a conféré une dignité particulière et qu'il a destiné à un ministère respec-table. C'est ainsi que les Juifs appelaient leurs rois. On ne doit pas oublier que l'R n'existe pas en chinois. Si cette supposition est exacte, la religion lumineuse serait en même temps la religion du Christ parfaitement définie.

(4) Dieu a aimé le monde jusqu'à lui donner son fils pour le sauver. (*Évan-gile selon saint Jean.*)

Une étoile étincelante ayant fait connaître cet heureux événement, les rois mages (1) de Perse, guidés par sa clarté, sont venus offrir au nouveau-né leurs hommages et des présents. Ainsi se sont trouvées accomplies les anciennes prédictions (2) des vingt-quatre saints (prophètes) qui avaient annoncé qu'une loi, une suprême doctrine viendrait gouverner et régénérer les familles ainsi que les royaumes. Ils voulaient, par ces expressions, indiquer la nouvelle religion de l'un en trois (3), esprit pur, qu'on ne peut définir.

Façonnant comme dans un moule ce qu'on doit croire et pratiquer, le divin ouvrier a perfectionné les bons usages par la vraie foi et a disposé les huit degrés des fins éternelles (4). Purifiant le monde de

(1) D'après l'Évangile selon saint Matthieu, les rois mages se rendirent de l'est à Jérusalem pour adorer l'enfant Jésus.

(2) Parmi les vingt-quatre prophètes, sont les quatre grands prophètes, les quatorze petits, plus Abraham, Isaac, Jacob, Moïse, Samuel et David (auxquels il faut ajouter Job et Zacharie). — M. Pauthier dit que, par les vingt-quatre saints, on doit entendre les vingt-quatre livres de l'Ancien Testament ou plutôt les vingt-quatre auteurs de ces mêmes livres, appelés communément par les Juifs les *Vingt-Quatre*, et sur lesquels les Syriens jacobites et les nestoriens ont fait leur version. M. Pauthier ajoute : « Il n'y a pas la moindre allusion dans le texte aux vingt-quatre prétendus prophètes énumérés par le Père Kircher et après lui par l'abbé Huc.» «Ce nombre de vingt-quatre prophètes, dit Renaudot, est inconnu également dans la Synagogue et dans l'Église, et personne n'a jamais mis dans le nombre des prophètes ceux que le Père Kircher y veut faire entrer. » — MM. Pauthier et Renaudot se trompent. Les vingt-quatre saints sont parfaitement les vingt-quatre prophètes. Le prince Grégoire Magistros, duc de la Mésopotamie, auteur arménien du XIe siècle, écrivant à l'émir Ibrahim sur la foi, dit : «Les philosophes, profanes admettent-ils une seule personne en Dieu ou trois personnes? Quels furent les actes de l'Incarnation? Les vingt-quatre prophètes ont-ils dit la même chose que Mahomet? » (*Mémoire*, par Victor Langlois, 1869.)

(3) Dieu est esprit. (*Évangile selon saint Jean*, ch. IV.)

(4) Les huit degrés des fins éternelles sont les huit béatitudes annoncées

la poussière qui le souillait, il a achevé la vérité et l'a rendue parfaite.
Il a ouvert les trois portes de l'éternité ; il a découvert la vie (1) ; il a
détruit la mort. Comme un soleil brillant (2), il s'est levé sur nous
(du haut du ciel) pour briser et éclairer les demeures ténébreuses (3).
Prenant le gouvernail du navire de la miséricorde, il l'a conduit au
palais de la lumière, emportant avec lui les âmes des bons et des
justes qui purent aborder au vrai rivage. Après avoir manifesté ainsi
sa toute-puissance, il est monté au milieu du jour dans son véritable royaume, laissant sur la terre (4) vingt-sept livres sacrés destinés

par Jésus-Christ sur la montagne : Bienheureux les pauvres d'esprit. (*Matth.*,
v, ⍦ 3 et suiv.)

(1) Notre Sauveur Jésus-Christ a détruit la mort et nous a découvert, par
l'Évangile, la vie et l'immortalité. (*Épître de saint Paul à Timothée.*)— Saint
Jean-Chrysostome, dans une homélie, a dit : « Notre-Seigneur a fait cesser
la longue tyrannie du démon, il a détruit la mort, lié le fort armé, enlevé
ses dépouilles, effacé le péché, aboli la malédiction ; il a ouvert le paradis
et l'entrée du ciel, réuni les hommes aux anges, etc.

(2) Par les entrailles de la miséricorde de notre Dieu, il a fait que le
soleil levant est venu nous visiter d'en haut pour éclairer ceux qui sont
dans les ténèbres et les ombres de la mort. (*Évangile selon saint Luc*, ch. i.)

(3) Jésus-Christ, dans son ascension, a emmené avec lui une multitude
de captifs et a répandu ses dons sur les hommes. (*Épître de saint Paul aux
Éphésiens.*)

(4) Les vingt-sept livres sacrés qui ont été déclarés canoniques par le
concile de Trente sont : les quatre évangiles, les Actes des apôtres, les
quatorze épîtres de saint Paul, la première épître de saint Pierre, la première épître de saint Jean (qui sont appelés livres canoniques, à l'exception
de l'épître de saint Paul aux Hébreux) ; l'épître aux Hébreux, celle de saint
Jacques et de saint Jude ; la deuxième de saint Pierre, la deuxième et la
troisième de saint Jean et l'Apocalypse (qui portent le nom de livres deu-
téro-canoniques). Ces vingt-sept livres ont été admis comme livres sacrés
par les églises de Syrie immédiatement après le temps des apôtres ; ils sont
reçus comme tels par les Syriens maronites et catholiques, par les jacobites, les eutychéens, les chrétiens cophtes d'Égypte, par les Éthiopiens et
les nestoriens.

à développer les (1) anciens enseignements et à éclairer l'esprit (ou à élever l'âme). Comme première initiation de la loi, il a établi le baptême, qui, par la purification de l'eau et par l'esprit saint, embellit le corps et lave l'âme de la tache du péché originel, ainsi que de toutes ses souillurés (2). Le sceau de la religion est une croix s'étendant avec quatre pointes brillantes et qui unit sans qu'il puisse être enlevé ou effacé (3).

Pour faire appel à la charité publique, on frappe (4) sur une tablette de bois. En priant, on se tourne vers l'Orient, regardant le chemin de la gloire des vivants. Les prêtres conservent toute leur barbe pour l'effet extérieur ; ils se rasent le sommet de la tête pour montrer qu'à l'intérieur ils n'ont plus de passions (5) ; ils n'ont pas d'esclaves parce que, pour eux, tous les hommes de condition noble ou de condition vile sont égaux à leurs yeux ; ils n'amassent pas de richesses et enseignent qu'il faut partager son superflu avec ceux qui

---

(1) *Yuen-hoa* veut dire les anciens enseignements (*fa-ling*, élever plus haut l'âme, l'éclairer). Jésus-Christ a dit : « Je ne suis pas venu pour détruire la loi et les prophètes, mais pour les accomplir. » (*Matth.*, v, ⴲ 17.)

(2) Si quelqu'un n'est pas régénéré par l'eau, et par le Saint-Esprit, il n'entrera pas dans le royaume de Dieu. (*Joan.*, iii, ⴲ 5.)

(3) Allusion au baptême, qui imprime en nous un caractère indélébile, un signe spirituel, qui est comme le sceau ; il nous marque comme faisant partie du troupeau de Jésus-Christ, de sorte qu'il ne peut être ni effacé, ni réitéré.

(4) Allusion, sans doute, à une coutume de l'époque, ou peut-être l'auteur a-t-il voulu, par ces mots, rappeler que ces prêtres, pour pratiquer la pauvreté évangélique, vivaient d'aumônes et allaient quêter, un morceau de bois à la main.

(5) Comme les premiers chrétiens priaient ordinairement le visage tourné vers l'Orient, afin de témoigner leur foi à la résurrection future, on plaça aussi l'autel dans les églises du côté de l'Orient ; mais cet usage n'était pas sans exception. (*Const. apost.*, l. VI, c. lvii ; Socrate, *Hist.*, l. II, c. xxii.)

n'ont rien. Ils jeûnent pour amortir leurs désirs, soumettre leur esprit et devenir parfaits; ils veillent constamment sur eux-mêmes (1), et, par une méditation silencieuse, acquièrent des forces (pour accomplir leurs devoirs (2). Sept fois par jour, ils prient pour l'avantage des vivants et des morts. Une fois tous les sept jours, ils font un sacrifice (3), purifient (4) leur cœur (par la pénitence) et redeviennent blancs (comme neige). La doctrine du vrai, de l'éternel est mystérieuse et difficile à nommer. Mais comme son effet méritoire est d'éclairer, d'illuminer, elle a été appelée King-kiao, religion lumineuse ou de lumière.

La doctrine (ou la loi divine) seule, sans le saint (l'empereur), ne peut être vaste ni exercer un grand empire. Le saint (l'empereur), sans la doctrine, ne peut être grand. Quand la doctrine et le saint s'accordent et sont unis intimement, tout ce qui est sous le ciel est brillamment éclairé.

Sous le règne si florissant de Tai-Tsong (5), l'intelligent et sage empereur, est venu du royaume de Ta-Tsing un homme d'une vertu supérieure nommé Olopen, qui a apporté dans cet empire les vrais livres sacrés.

(1) Cet exercice est l'âme du christianisme; c'est l'adoration en esprit et en vérité que Jésus-Christ a enseignée à ses disciples. L'oraison mentale a toujours été recommandée aux ecclésiastiques. Elle est rigoureusement ordonnée aux religieux et aux religieuses.

(2) Allusion aux sept heures canoniales que les prêtres catholiques doivent réciter chaque jour. Cette obligation remonte au ive siècle.

(3) Le sacrifice eucharistique est la pratique et la tradition constante de l'Église chrétienne depuis les apôtres jusqu'à nous.

(4) Dieu dit aux Juifs par Isaïe (ch. i, ÿ 16) : « Purifiez-vous, cessez de faire le mal et venez; quand vos péchés seraient rouges comme l'écarlate, ils deviendront blancs comme la neige. »

(5) Tai-Tsong a régné de 627 à 650.

Se guidant sur les nuages azurés et suivant les lois des vents, Olopen a pu faire un voyage rapide, mais plein de fatigues et de dangers.
C'est en la neuvième année de Tchen-Kouan (636 ap. J.-C.) qu'il a
fait son entrée dans Tchang-Ngan.

Apprenant son arrivée, l'Empereur a ordonné à un de ses ministres
d'État (Tsai-chen), le Kong (1) *Fan-hiung-ling*, d'envoyer un certain
nombre d'officiers du palais à l'est de la ville, assez loin dans les
faubourgs, pour féliciter le nouveau venu et l'inviter à se rendre au
palais. Sa Majesté a prescrit ensuite qu'on traduisit les livres sacrés,
qui furent déposés dans sa bibliothèque. Souvent elle interrogeait
Olopen sur sa doctrine dans le Kin-oey (partie réservée du palais).
Elle a pu, par ce moyen, savoir à fond que cette doctrine est la seule
doctrine vraie et pure. Des ordres ont été donnés ensuite de la propager et de l'enseigner partout.

La septième lune de la douzième année Tchen-Kouan du règne de
l'empereur Tai-Tsong (638 de notre ère), a paru l'édit impérial suivant : « La vraie loi (religieuse) n'a pas de nom déterminé. Les saints
« n'ont pas de résidence fixe ; ils courent le monde, répandant la
« religion, exhortant les peuples et secourant en secret la multitude.
« Olopen, homme d'une grande vertu, est venu du royaume éloigné
« de Ta-Tsing pour nous offrir des livres sacrés contenant une nouvelle
« doctrine dont il nous a expliqué le vrai sens, ainsi que des images
« (se rapportant à cette doctrine). En parcourant ces livres, en exa-
« minant attentivement cette doctrine, on reconnaît qu'elle est pro-
« fonde, merveilleuse, parfaite, que son principe fondamental est la
« production et l'achèvement de tout ce qui est utile et nécessaire (2).

(1) Kong, premier rang de la noblesse en Chine. Titre héréditaire.
(2) Vou-oey, ces deux mots, qui signifient non-agir, constituent la base du
dogme de Lao-Tsée. Ce philosophe réduit presque toute sa morale au non-

« On constate, en outre, que le langage de cette doctrine est simple,
« concis, qu'elle fait oublier (1) l'intrument en bambou avec lequel
« on prend le poisson pour ne songer qu'au poisson; enfin que, d'une
« utilité incontestable pour tous les êtres, elle est particulièrement
« profitable à l'homme. Il convient de la propager dans tout l'empire.

« Les magistrats de cette ville devront désigner, dans le quartier
« de Yn-Yn-Fang (quartier de la paix et de la justice), un endroit pour
« la construction d'une église de Ta-Tsing qui sera desservie par
« vingt et un prêtres.

« Sous la dynastie des Tsong-Tcheou, la vertu s'étant éteinte,
« Lao-Tsée (2) montant sur un Kia (char), est parti pour les pays
« d'occident. Sous cette grande dynastie des Tang, le vent de la re-
« ligion a soufflé de l'occident et est parvenu jusqu'à nous. » L'empereur a ensuite ordonné de suspendre, dans l'église de Ta-Tsing son
vrai portrait qui faisait ressortir splendidement sa majesté naturelle

agir; d'après lui, l'état d'incorporéité, d'immatérialité, d'immobilité absolue
de la raison suprême de Tao est son état parfait. Son état de corporéité,
de matérialité, de mouvement, de création et d'absorption est son état im-
parfait.

(1) Tchouang-Tsée (338 N.-J.-C.), dans son ouvrage intitulé *Man-hoa-King*,
dit en se moquant des disciples de Confucius, qui parlaient et écrivaient
beaucoup trop sans raison : « Celui qui ne sait rien doit apprendre la doc-
« trine, mais quand on la connaît, pourquoi parler et écrire inutilement.
« Quand l'homme a pris un poisson avec un instrument en bambou et l'a
« apporté dans sa maison, il ne s'occupe plus de l'instrument, mais du
« poisson. »

(2) Allusion au départ de Lao-Tsée pour les pays d'occident. M. Pauthier, dans la *Chine moderne* (page 200), dit que cette phrase signifie que la
religion apportée de l'Empire romain en Chine était semblable à celle por-
tée en Occident par Lao-Tsée plus de mille ans auparavant; nous craignons
que le savant sinologue n'ait pas bien saisi l'antithèse, qui n'a qu'un but,
celui de faire l'éloge de la religion lumineuse.

— l'éclat du héros illuminait les portes de notre religion, — ses saints vestiges ont répandu le bonheur et éclaireront éternellement les fondements de notre doctrine. En parcourant avec soin les Annales des royaumes de l'occident, et en examinant les ouvrages composés par les historiens des dynasties des Han et des Ouey, on voit que le royaume de Ta-Tsing s'étend au sud jusqu'à la mer de Corail (1) et au nord jusqu'à la montagne des pierres précieuses (2) ; à l'ouest, il est borné par des collines couvertes de fleurs et de bois (3), région des Sages qui ne périssent pas tout entiers (4), et à l'est par une

(1) La mer Rouge.

(2) Les montagnes d'Arménie qui unissent le Caucase et le Taurus et qui renferment de riches mines d'or, d'argent, de cuivre, de fer et de plomb.

(3) Le mont Carmel, dépendant du Liban, célèbre autrefois par ses cèdres, ses figuiers, ses lauriers, ses cyprès. C'est sur ce mont que furent institués, en l'an 400, par Jean, patriarche de Jérusalem, en l'honneur du prophète Elie, les ermites ou religieux du Mont-Carmel qui, plus tard, ont donné naissance à l'ordre des Carmes. Il est possible aussi que cette région dont parle l'inscription soit la partie du Liban où les moines maronites vivaient dans des grottes et des cellules taillées dans le roc.

(4) Dans le royaume de Lou, il y avait au commencement un ministre d'État qui disait : « Tsang, surnommé après sa mort Ouen-Tchong (le puîné « lettré), étant venu à décéder, on dit de lui qu'il était toujours subsistant « (c'est-à-dire, ajoute la glose, que l'on disait que ses bonnes instructions « seraient transmises aux siècles à venir). » N'est-ce pas là l'explication du proverbe? moi, je l'ai compris ainsi. Ceux qui sont supérieurs aux autres hommes, les saints, selon la glose, ont des vertus qui subsistent indéfiniment (qui parviennent aux siècles futurs, glose); Ceux qui viennent immédiatement après (les sages) ont des mérites qui subsistent aussi indéfiniment. Ceux qui viennent après ces derniers ont des paroles qui sont également transmises aux générations futures... Quoique ces trois ordres de Sages ne vivent qu'un certain temps, on dit d'eux qu'ils ne périssent pas tout entiers. Voilà ce que signifie l'expression pou-hieou (Tsa-tchouan, k. 5 ch. XXXII). (*Chine moderne*, par PAUTHIER.)

mer (1) dont les eaux sont continuellement battues par des tempêtes. Le pays produit une étoffe qu'on lave au moyen du feu, des parfums assez forts pour ranimer la vie et des pierres précieuses dont l'éclat, le soir, est resplendissant. Les coutumes et les mœurs de cette contrée sont excellentes; le pillage et le vol y sont inconnus. Les habitants, toujours gais, jouissent de la paix, de la tranquillité d'esprit et n'ont pas d'autre religion que la religion lumineuse. Le souverain du pays n'est pas reconnu s'il n'a pas de vertus. La superficie de cette contrée et sa population sont considérables; les productions y sont abondantes et les lettres y fleurissent avec éclat.

Kao-Tsong, le grand empereur (2), imitant avec respect les exemples de ses ancêtres, a continué l'œuvre de son père et l'a développée en ordonnant qu'on construisît dans chaque Tcheou (arrondissement) une église de la religion Ta-Tsing et en conférant à Olopen le titre honorable de gardien et de chef de la grande doctrine, qui, répandue dans les dix Tao, fut la source d'innombrables félicités pour tout l'empire. Les églises de la religion lumineuse remplissaient toutes les villes, et des milliers de familles purent jouir des bienfaits de la religion. A la fin de l'année dite (3) Chen-ly, les prêtres de la reli-

---

(1) Le golfe Persique et non point la mer Morte, comme plusieurs traducteurs l'ont prétendu. — Dans le même ouvrage, dont nous avons déjà parlé, intitulé *Sin-Tung-Chou*, on trouve que, jusqu'à la fin de la dynastie des Han, vers l'an 395, époque de la fondation de l'empire d'Orient, on donnait le nom de Ta-Tsing-kouè ou Sy-haï-kouè au pays compris entre une grande mer à l'ouest, une grande mer agitée souvent par les tempêtes (le golfe Persique), et le royaume de Perse au sud-est; la mer Rouge au sud; et, au nord, le royaume de Tsan-Kouè, que l'on traverse pour aller chez les Tou-Kiue.

(2) Kao-Tsong, troisième empereur de la dynastie des Táng, est monté sur le trône en 650 et mort en 684.

(3) Année du règne de l'impératrice Ou-Tsee-tien (698).

gion de Bouddha ont cherché à déblatérer contre notre religion dans la ville de Tong-Tcheou (1). Déjà en l'année dite (2) Sien-Tien, des gens vulgaires et méchants l'avaient tournée en dérision et calomniée dans Sy-Kao (3). Les mailles du filet étaient sur le point de se rompre, lorsque, heureusement, un chef des prêtres de notre religion, nommé Lohan, a repris ces mêmes mailles avec l'aide d'un autre prêtre très-vertueux nommé Kylie et de plusieurs autres prêtres remarquables, tous descendants des familles nobles de Kin-Fang (région de l'or (4).

L'empereur Hiuen-Tsong (5), le très-droit, a prescrit à Ning-Ouang et aux quatre autres Ouang (princes de la famille impériale) de se rendre personnellement à l'église du bonheur. Des autels ont ensuite été érigés. Les colonnes de notre religion, qui, inclinées, étaient sur le point de s'écrouler, ont été relevées, et les pierres de la foi qui menaçaient de tomber ont été consolidées. Au commencement de la première année dite Tien-pao, ce même empereur a donné l'ordre à un Tsiang-Kiun (général) nommé Kao-Ly-Tse de transporter les images des cinq saints (ses ancêtres) dans l'église de la religion lumineuse et a offert aux prêtres de cette même église cent rouleaux de soie comme témoignage de son respect et de sa vénération pour ses ancêtres (6). Quoique les poils de la barbe du dragon soient très-

(1) Ville de la province du Honan.
(2) Année du règne de Kao-Tsong de 656 à 660.
(3) Ville de Chen-Si.
(4) La région de l'or était la Bactriane ou le Tokkarestan.
(5) L'empereur Hiuen-Tsong a régné de 713 à 742. — Les titres de son règne sont Kai, Tien-pao.
(6) Allusion à l'empereur Houang-ty qui, d'après la tradition, après sa mort est monté au ciel sur un dragon. — En le voyant partir, les grands du royaume voulurent arrêter le dragon en le saisissant par les poils de sa barbe, mais ce fut en vain. Alors l'empereur, touché de leur affection, leur

loin, on peut prendre avec les mains l'arc et le sabre. Les parties du front de l'empereur (1) Taï-Tsong, situées au-dessus des yeux, à droite et à gauche, brillaient comme le soleil ; on aurait cru voir l'empereur vivant et près de soi.

En la troisième année du règne dite Tien-pao, un autre prêtre de Ta-Tsing est arrivé en Chine en observant le soleil et en se guidant sur les étoiles. L'empereur a daigné l'admettre en sa présence et a informé le peuple, par un édit, que le prêtre Lohan, le prêtre Polun, le très-vertueux Kie-Ho et cinq autres prêtres pourraient pénétrer dans le Ning-King-Kong (partie réservée du palais) et y exercer librement leurs cérémonies religieuses.

En ce temps, des tablettes en bois ont été suspendues aux murs de notre église et en ont orné le frontispice — tablettes comprenant des inscriptions élogieuses tracées par la main de l'empereur et revêtues de l'empreinte des dragons (impériaux). — Elles étaient semblables à des pierres précieuses, réflétant des couleurs (2) plus belles que celles des nuages au soleil couchant ; au milieu, brillaient, comme les rayons du soleil levant, de grands caractères rouges. — La bonté de

donna son sabre et son arc qu'ils conservèrent comme de pieuses reliques. L'auteur a voulu dire par cette allusion que, quoique les cinq ancêtres de Hiuen-Tsong étaient morts, ils existaient encore par leurs tableaux.

(1) Les portraits chinois de l'empereur Tai-Tsong le représentent avec les os frontaux proéminents et très-développés. Je-Kio ou la corne du soleil qui désigne l'os frontal de droite, est une expression technique que l'on ne trouve que dans les ouvrages de physiognomonie.

(2) Cet usage de donner des tablettes s'est conservé jusque sous la dynastie actuelle des Ta-Tsing. — Le 24 avril 1711, l'empereur Kang-Hi, à l'occasion de la construction d'une église que les missionnaires de Péking venaient de bâtir, leur donna une tablette rédigée par lui-même et ainsi conçue : « A la véritable origine de toutes choses, sans commencement, « sans fin, il est le vrai seigneur le véritable esprit, créateur du ciel, de la

cet empereur et ses bienfaits ont dépassé en hauteur le sommet des montagnes du sud et en profondeur celle de la mer Orientale. — Sans la doctrine (la loi divine), rien ne peut être (1). — Tout ce qui est a un nom. — Sans le saint (l'empereur) rien ne peut être fait. — Ce que l'empereur fait doit être publié.

L'empereur (2) Sou-Tsong (ouen-ming), le lettré, l'intelligent, a fait bâtir des églises de la religion lumineuse dans la ville de Ling-vou et autres lieux, ainsi que dans cinq autres principautés de l'ouest. Les œuvres de ses prédécesseurs ont ainsi été augmentées, on peut même dire achevées. Les portes de la fortune et du bonheur ont été ouvertes pour tous. Une grande joie a régné dans tout l'empire, qui a été solidement établi.

L'empereur Taï-Tsong (3) (ouen-vou), le lettré et le guerrier, s'est efforcé d'étendre les limites des domaines sacrés et a pu diriger l'état d'une manière parfaite (4). A chaque anniversaire de sa naissance, il envoyait aux prêtres de la religion lumineuse des parfums du palais, pour remercier Dieu de ses bienfaits, et des mets de sa table pour

« terre, de l'homme et de tout l'univers. Infiniment bon, infiniment juste,
« il règle tout avec une suprême autorité, avec une souveraine justice. »

(1) Cette phrase concorde parfaitement avec cette autre qui termine l'inscription « La loi doctrine (la loi divine) est la seule qui soit vaste, la seule qui réponde en même temps à ce qui est le plus secret, le plus caché. — Obligé de lui donner un nom, je ne puis que l'appeler le mystérieux, l'insondable un en trois. — Le maître ou le souverain peut produire des actes — le devoir du sujet est de les publier. »

(2) L'empereur Sou-Tsong ou Sieou-Tsong a régné de 756 à 768.

(3) L'empereur Taï-Tsong a régné de 763 à 766.

(4) Vou-oey. Confucius dans le *Lun-yu*, a dit : « *Tsée yue vou oey, euh.* « *tche-tché* » (le maître). « Chin ne peut-il pas être considéré comme « ayant gouverné parfaitement » (sans effort). Tchou-Fou-Tsée, commentant ce passage, l'explique ainsi : « Quand la vertu du sage est parfaite, le peuple « est transformé sans attendre que le sage règne. »

montrer l'estime qu'il avait pour les membres de cette religion. Il a marché ainsi sans s'arrêter dans la voie de l'utile et du beau. Aussi on peut dire qu'il a augmenté et élargi la vie de ses peuples. Le saint (empereur), peut être considéré comme une sorte de principe originel (1), qui par la pensée crée peu à peu, forme et achève la substance.

Notre empereur Te-Tsong (Kien-Tchong), chen-chen ouen vou (le vertueux, le sage, le civil, le militaire), a institué : 1° huit principes (2) (tchin) tendant à substituer la lumière aux ténèbres dans l'administration et à faire prévaloir (3) la justice dans les récompenses et les punitions des fonctionnaires; 2° Neuf règles (tcheou) en vue spécialement d'assurer et de renouveler le mandat de la religion lumineuse, qui, par cette transformation, a pu reprendre sa force originelle. Prier ouvertement sans rougir; parvenu au sommet de la grandeur, rester simple et humble; s'appliquer à être toujours calme,

-----

(1) Dans le texte chinois, il y a simplement deux caractères; Ting-Tou, dont s'est servi Lie-Tsée (philosophe de l'école de Lao-Tsée, disciple de Kouan-Yun-Tsée, 398 av. J.-C.), dans son ouvrage intitulé *Tchong-hiu-kin* (livre sacré pour monter au vide). Voici l'interprétation de ces deux expressions par un membre de l'Académie des Han-lin, nommé Ly-Ouen-Chan, auteur d'un ouvrage intitulé *Pa-ning-ouen-tchang*. *Ting-ouey-ping-ky-hing;* *Ting* veut dire que, par la pensée, il se forme : *Tou-oey-tching-ky-tche.* *Tou* veut dire qu'il a achevé sa substance, c'est-à-dire est devenu parfait.

(2) Les deux expressions Tchin et tcheou sont tirées du *Chou-king*, troisième volume. Honey-fan-Kieou-tche ou (voir, pour leur explication, la traduction par M. Pauthier, *Chine moderne* (2ᵉ vol., p. 348), du tableau figuratif des neuf règles fondamentales et des huit principes du gouvernement de la sublime doctrine par le philosophe Ky-Tsée (1122 av. J.-C.).

(3) Tchou-tche yeou-ming, expression du *Chou-King* (1ᵉʳ vol. Chin-Tien). L'empereur Chun décida que tous les trois ans la conduite des fonctionnaires du gouvernement serait examinée, et que, la neuvième année, on abaisserait (tchou) les mauvais (yeou) ou on élèverait (tche) les bons (ning).

maître de soi-même ; traiter les autres comme on voudrait qu'ils nous traitassent ; pratiquer la vertu et pardonner aux autres ; être bienveillant, bon, charitable, secourir les affligés, aimer son semblable comme soi-même, l'aider en toutes circonstances, être indulgent pour les fautes des autres ; telle est la voie que notre religion ordonne de suivre et qui est comme l'échelle de notre sainte loi.

Si le vent et la pluie ont leur temps marqué, si la paix règne sur la terre, si les hommes sont bien gouvernés, si chaque chose est dans un ordre parfait, si les vivants peuvent jouir des biens d'ici-bas, si les morts peuvent se réjouir, si nos pensées, s'élevant vers Dieu, peuvent correspondre avec l'Être suprême, si notre nature se perfectionne, si les sentiments naturels qui dirigent nos actes sont purs et si nos actes sont droits, nous devons cela à l'effet méritoire de la force et de la puissance de la religion lumineuse.

L'empereur a conféré à un des grands bienfaiteurs et maîtres de cette religion, au prêtre Y-sse (1), les titres de « Kin-tsée » (2) « Kouang-lo-ta-fou, » So-fang-tsie-tou-fou-sse (3), » « Ché-tie-tchong-ty-Kien (4) » et, l'a autorisé, en même temps, à porter le (5) Kiacha,

(1) Y-sse était un prêtre catholique que le ministre Ko-Tse-y avait pris en grande affection pour les services qu'il lui avait rendus, et qui fut comblé d'honneurs par l'empereur Te-Tsong.

(2) Kin-tsée, Kouang-lo-ta-fou. Excellence ou renom éclatant, pouvant porter des habits pourpres et or, est l'appellation employée pour les mandarins du premier degré et du premier rang.

(3) Grand maître des approvisionnements de bouche de la maison impériale et commandant militaire en second de la partie septentrionale de l'empire. (PAUTHIER.)

(4) Inspecteur des examens de la salle impériale (PAUTHIER).

(5) Le kia-cha était un vêtement de religieux, en étoffe de laine, de couleurs noire et rouge entremêlées, que les empereurs conféraient aux chefs de religion comme marque de distinction. Dans le principe, il n'était porté

vêtement sacerdotal pourpre mélangé de noir. Ce prêtre était d'un caractère pacifique ; libéral, charitable, bienfaisant, il remplissait avec
zèle tous ses devoirs. Il est venu en Chine de la ville très-éloignée
nommée Ouang–che-tche (1). Ses connaissances ont dépassé celles de
trois générations. Ses talents extraordinaires atteignaient la perfection.
Au commencement, l'empereur l'a attaché à sa personne dans le Tan-
ting (palais), et son nom a été inscrit parmi ceux qui habitaient sous
la tente avec le prince (Kiun-ouang) de Fen-yang, le duc Ko-tse-y,
qui, portant le titre de Tchong-chou-ling (principal secrétaire d'État,
secrétaire du cabinet), était chargé des affaires militaires du So-fang
(pays situé au nord de l'empire).

Y-sse n'a jamais profité pour lui-même de la position qu'il occu-
pait auprès de Ko-tse-y qui l'aimait beaucoup et dont il était les
ongles et les dents, en même temps qu'il était les yeux et les oreilles
de l'armée. Il savait distribuer avec justice ce qui revenait à chacun,
et tout ce qui lui appartenait, il le donnait aux autres. Il a offert à
l'église de la religion lumineuse du verre de Lin-Ngan (2) et des tapis
dorés de Tsée-Ky.

Tantôt il restaurait les anciennes églises, tantôt il en augmentait les
dimensions, et, en les ornant, faisait que les ailes du bâtiment et le toit
étaient plus beaux que les ailes multicolores des faisans lorsqu'ils volent
dans les airs. Conformément aux principes de la charité, il s'efforçait en
même temps de consolider les portes de la loi par de bonnes œuvres et
des aumônes. Chaque année, il réunissait pendant cinquante jours les

que par les patriarches bouddhistes et était le signe de la transmission de
la doctrine par le grand-maître au disciple.

(1) Peut-être Antioche, ville de la Syrie.

(2) Laodicée ad Ly-cum, ville de la Syrie, près du mont Bélus et de la
mer, dont l'industrie des habitants était renommée pour la teinture au
pourpre et la fabrication du verre.

prêtres et les fidèles des quatre églises, afin qu'ils pussent séparément se recueillir et mieux vaquer aux exercices de piété. Il faisait distribuer aux mendiants des aliments, aux pauvres des vêtements pour les garantir du froid et aux malades des remèdes pour les guérir. Il faisait ensevelir les morts et leur procurait ainsi le repos. On n'a pas entendu dire que le charitable et bon Ta-So (1) en ait jamais fait autant. Les docteurs de la religion lumineuse qui, eux, portaient des vêtements blancs, ont connu et admiré cet homme illustre, et c'est pour conserver le souvenir de ses œuvres et de ses bienfaits que son nom a été mentionné dans cette inscription qui a été gravée sur une pierre aussi durable que les rochers battus par les flots.

En résumé, je dirai que le vrai Seigneur n'a pas de commencement; immuable, toujours lui-même, tout-puissant, il a mis tout en mouvement et a opéré la création ; il a fait surgir la terre et établi l'équilibre du ciel ; il a donné sa propre substance qui est venue dans le monde pour le sauver. Alors la lumière a fait place aux ténèbres et tous les hommes sans exception ont pu connaître clairement la vérité.

Le très-glorieux et illustre Tai-Tsong (ouen-ou) a porté la couronne impériale plus haut que les autres ; profitant des circonstances, il a fait cesser les troubles, et la tranquillité a pu renaître. Il a dilaté le ciel et étendu la terre par ses œuvres. C'est sous son règne que notre très-brillante, très-illustre religion a pénétré dans l'empire des Tang, qu'elle a régénéré par sa doctrine. Ce même souverain a fait traduire

---

(1) Ta-So était un bonze remarquable, dit-on, par sa charité et son amour du prochain. Ayant convoqué un grand nombre de bonzes à une grande assemblée, il les a logés, nourris, et leur a procuré tout le nécessaire (Alvarez Semedo). — M. Pauthier croit que ta-so est la transcription du terme sanscrit das'ahza, qui signifie bouddhiste.

les saintes écritures et élever des églises. Cette nouvelle doctrine a été pour les vivants aussi bien que pour les morts le navire de salut qui, après un long voyage, finit par atteindre le rivage désiré. Les cent félicités sont venues ensuite et tout le peuple a joui de la paix et de la tranquillité.

Kao-Tsong, marchant sur les traces de son père, a fait construire de nouvelles églises plus hautes et plus belles que celles qui existaient, et les palais de la concorde, agrandis et ornés, ont rempli tout l'empire ; grâce à ce souverain si éclairé, la vraie doctrine est devenue claire pour tous et a été publiée partout. C'est lui qui, le premier, a nommé des maîtres de la loi. Chacun a pu se réjouir et, sans fatigue, jouir du calme et de la tranquillité ; les maux et la misère ont cessé.

L'empereur Yuen-Tsong a suivi avec intelligence la voie droite de la vérité. Les tablettes impériales (qu'il a offertes à notre église) brillaient magnifiquement et les caractères de l'écriture resplendissaient comme le soleil ; les effigies impériales avaient plus d'éclat que les pierres précieuses. Le peuple respectait profondément ces tablettes et ces images. Tout était dans un ordre parfait, et la joie régnait parmi les hommes.

Sous Hiuen-Tsong (1), un retour s'est opéré ; mais, par son énergie, il a pu faire parvenir partout le char impérial ; alors un bon soleil a lui de nouveau, un vent favorable a soufflé et les nuages du soir ont disparu.

Le bonheur a reparu dans le palais impérial, les miasmes pestilentiels ont disparu pour toujours, les vagues agitées sont redevenues calmes, et l'empire des Hia a été relevé de la poussière.

____

(1) Expression du *Y-King* (2 vol. fou hoa) allusion aux événements malheureux qui ont eu lieu au commencement du règne de Hiuen-Tsong.

L'empereur Tai-Tsong (hiao-y), si remarquable par sa piété filiale et sa justice (1), a uni par ses vertus le ciel et la terre; par ses bienfaits, il a rendu la vie du peuple plus facile et fait prospérer chaque chose. Il a offert des parfums à notre église, en actions de grâce, et a exercé largement la charité. Sa puissance s'étendait des points où le soleil se lève jusqu'à l'endroit où le soleil se couche.

L'empereur Te-Tsong, en les années de son règne, dites Kien-tchong, a, par ses institutions, rendu la doctrine de la religion lumineuse plus claire aux yeux de tous; il a pacifié par ses armes les quatre mers, et, par les lettres, il a éclairé les dix mille royaumes. Il pénétrait, comme avec une lumière, les choses les plus cachées, et voyait tout comme dans un miroir. Il a illuminé, pour ainsi dire ressuscité le monde. Tous les barbares ont accepté ses lois.

La doctrine (la loi divine) est la seule qui, très-vaste, répond à tout ce qui est secret et caché. Obligé de lui donner un nom, je ne puis que l'appeler l'insondable un-trois.

Le maître où le souverain peut faire des actes; le devoir du sujet est de les publier. C'est pourquoi j'ai érigé cette pierre qui rappellera l'heureux souvenir de cette immense félicité.

Cette inscription a été faite sous la grande dynastie des Tang, en la deuxième année Kien-tchong (781 ap. J.-C.), Te-Tsong étant empereur; le septième jour du mois Tai-tsou, jour férié du grand Yao-san (hosanna) (le dimanche).

Sous l'administration du prêtre-évêque Ning-Tchou, chef de la loi lumineuse pour le Tong-fang (la région orientale).

Le nommé Lieou-Sieou, ayant le titre de Tchao-y-lan, et précédem-

____

(1) Expressions tirées du *Y-King*, relatives au saint (1er vol. Kien-Hoa).

ment celui de Tay-chen-sse-sse-tsan-kin, a écrit l'inscription et l'a gravée.

Au bas de l'inscription, à droite, on lit, en chinois : L'examinateur existant, président du tribunal des rites ; le prêtre, chef des temples et églises, décoré par l'empereur du Kia-cha : Y–Li.

TRADUCTION DES CARACTÈRES SYRIAQUES

En l'an (2) de l'ère des Grecs 1092, Hanan Jesua (3), étant père des pères, patriarche catholique, Isdbusaïd (4), prêtre-évêque de Kumden, la capitale de l'empire, fils de Milis, de sainte mémoire, prêtre de la ville de Balch (Tokkarestan), a érigé cette table de pierre sur laquelle sont inscrits les actes de notre souverain Rédempteur et de ceux de nos pères qui sont venus en Chine pour prêcher la sainte doctrine.

> Adam, diacre, fils d'Isdbusaïd, évêque-pape en Chine.
> Mar-Sareps, prêtre et vicaire de l'évêque.
> Sabas-Jesus, prêtre.
> Gabriel, prêtre archidiacre et ecclésiarque des villes de Kumden et de Sarag.

PREMIERS NOMS GRAVÉS SUR LA PIERRE

1	2	3	4	5	6
Aaron	Atdaspha	Mar Juchanan, évêque	Isaac, prêtre	Jacobgi, prêtre	Jacob, prêtre
Pierre	Jean		Elia	Marsaps d°	Abad Jesua, do-
Job	Anuso	Isaac, prêtre	Moïse	vic. de l'évêque	mestique.
Lucas	Mersargis	Jael, d°	Abad-Jésua,	Aggée, prêtre	Jésuadad, prê-
Mathieu	Isaac	Math, d°	domestique	archidiacre	tre.
Jean	Siméon	Georges, d°	Siméon, prêtre	de la ville	Jacob
Sabar-Jesua	Isaac	Martida-Gimelf	de l'évêque	de Canobin.	Jean
Yesuadad	Joel	Maschadad	Gabriel	Paul, prêtre	S'oubhaalmaran
Lucas		André	Jean	Siméon, d°	Mar Joseph
Constantin		David	Siméon	Adam, d°	Siméon
Noé		Moïse	Isaac	Elia, d°	Ephraïm
			Jean	Isaac d°	Anania
				Jean d°	Cyriaque
				Siméon d°	Gous Emmanuel

(1) Cette interprétation est à peu près celle qui a été donnée par le Père Kircher. Elle aurait besoin d'être revue par des personnes connaissant le syriaque; aussi nous abstiendrons-nous de la commenter.

(2) L'ère des Grecs ou des Syro-Macédoniens ou d'Alexandre, ou des Séleucides, date de l'an de Rome 442, 311 ans 4 mois pleins N. J.-C., ou, suivant d'autres auteurs, 310 ans 4 mois. C'est une des ères les plus connues et les plus usitées chez les nations de l'Asie occidentale. Elle est encore employée par les chrétiens du Levant. Les peuples qui s'en sont servis ne l'ont pas datée du même mois ni du même jour. Aussi les catholiques du Liban la font commencer au mois de septembre. Les jacobites et les nestoriens, au mois d'octobre. Il est regrettable que la date du mois n'ait pas été indiquée; on aurait pu la confronter avec la date chinoise, et, comme les nestoriens et les catholiques font dater l'ère d'Alexandre de mois différents, on aurait pu savoir quels sont réellement les auteurs de l'inscription.

(3) Au viii° siècle, les noms d'évêque, ou seulement prêtre, étaient souvent employés indistinctement l'un pour l'autre.

(5) On donnait le nom de pape à tous les évêques, jusqu'en 1076, époque à laquelle Grégoire VIII, restreignit ce nom à l'évêque de Rome.

SAINT-QUENTIN

TYPOGRAPHIE ET LITHOGRAPHIE DE JULES MOUREAU.